Abrazos

Abrazos
Cada abrazo, una historia

Maria Victòria Molins

Prólogo de Peio Sánchez

Plataforma Editorial

Primera edición en esta colección: abril de 2024

© Maria Victòria Molins, 2024
© del prólogo, Peio Sánchez, 2024
© de la presente edición: Plataforma Editorial, 2024

Plataforma Editorial
c/ Muntaner, 269, entlo. 1.ª – 08021 Barcelona
Tel.: (+34) 93 494 79 99
www.plataformaeditorial.com
info@plataformaeditorial.com

Depósito legal: B 5688-2024
ISBN: 978-84-10079-69-4
IBIC: BT

Printed in Spain – Impreso en España

Diseño de cubierta y fotocomposición:
Grafime

El papel que se ha utilizado para imprimir este libro proviene
de explotaciones forestales controladas, donde se respetan
los valores ecológicos, sociales y el desarrollo sostenible del bosque.

Impresión:
QP Print

Índice

Prólogo

Que Viqui Molins escriba un libro sobre los abrazos es como si escribiese el libro de sus memorias. Sin ánimo de plagiar a Mario Benedetti, explicando «otros» abrazos, Viqui va explicando su vida, lo que mueve sus abrazos, sus pies y su corazón. Por eso os quiero invitar a compartir este ramo de florecillas donde va desgranando cada uno de estos encuentros. Por mi parte, os ofrezco una pequeña reflexión que tiene como finalidad llegar a mover los brazos. Cada uno verá hacia dónde.

Abrazos de monja

Parece un poco chocante el título. Pero es así como va por la vida, como la monja de los abrazos. Que una religiosa célibe vaya dando abrazos no parece de lo más correcto. No obstante, en sus abrazos se esconde una opción por la ternura que empieza por alcanzar el corazón.

Abrazos

Los abrazos, por lo general, se prodigan con las personas queridas. No obstante, estos otros abrazos se dan a los que son menos amables. Puede parecer difícil dar abrazos al estilo de san Francisco de Asís a uno de nuestros amigos de la calle, alejados durante meses de la ducha, ocultos en sus silencios, acostumbrados a que, si alguien los toca, sea para golpearlos o para robarles. Estos abrazos de monja atrevida tienden a ser una locura. No sabes cómo va a reaccionar el otro. Ni cuál de los infinitos virus de la vida te pueden contagiar. A pesar de todo eso, el abrir los brazos es el gesto humano de la acogida, el cuerpo como tienda de campaña. Un tímido abrazo deja fuera una parte del otro, salva las distancias y preserva la intimidad. Pero un abrazo auténtico no deja fuera nada. Todos tenemos una cara oculta que cuesta ser abrazada. A veces este lado oculto es especialmente opaco, después de fracasos encadenados, cuando la carta de tu vida ya hace tiempo que fue descartada. En estos momentos, generalmente, nadie soporta un abrazo.

Por eso, el abrazo de una monja así nunca se impone. El momento oportuno depende de cada uno: más dureza, más tiempo; más desconsuelo, menos tiempo. Por eso el abrazo espera pidiendo permiso. Eso quiere decir que el abrazo depende de la historia y del camino del otro, como veremos en este libro. Más que ir dando abrazos por las esquinas, se trata de reconocer cuándo se da el impulso del otro, que espera doblegado, para ser abrazado. De esta manera se diría que el abrazo tiene algo de estación de término. Implica una sutil confianza en quien descansar. Y es entonces cuando el instante se llena de tiempo.

Pero el abrazo de monja no se queda solo en el abrazo. A veces, el abrazo-pasión busca también atrapar para no perder aquello que se le puede escapar. El abrazo de monja tiende a ser universal, pero pasa por el hermano concreto, por su vida abrazada; salta, sin ataduras, a otro abrazo. Y eso no es promiscuidad, sino disponibilidad hacia los que no solo son sintecho, sin papeles, sin futuro, sino también sin abrazos. Los no queridos, los olvidados, los perdidos. Es un abrazo que prepara para otros abrazos, un abrazo de salida.

Un abrazo de monja así no se queda en el eros, sino que se parece más a ese primer abrazo de madre o el último abrazo del que está a punto de expirar. Es el abrazo a toda la fragilidad, al nacer y al morir. El abrazo de la comadrona y el abrazo de los cuidados paliativos. Es el abrazo en el momento de necesidad. Tiene algo de casual, pero, al mismo tiempo, es el que sostiene al caído.

De esta manera, los abrazos de monja sellan un compromiso. Dicen algo así como: «procuraré ayudarte, aunque pobremente». Movilizando tu vida y encontrando algunos medios. Es un abrazo que no olvida el nombre, sino que después sigue extendiéndose en forma de preocupación y desvelo, buscando salidas, intentando alternativas, garantizando pequeños servicios.

La abuela de los abrazos

La mayoría de los jóvenes del Hospital de Campanya Santa Anna han adoptado a Viqui como abuela. Estaban buscando familia, sedientos de la madre lejana y casi olvidada. Y encuentran a alguien que puede ser su abuela. A quien, extrañamente, respetan con esa autoridad que confieren los abrazos y los recuerdos lejanos en la geografía y en la historia. Pero, bien mirado, son ellos los que la escogieron antes del primer abrazo. Ella ha sido la adoptada como abuela.

La adopción es un impulso más allá de la carne y de la sangre. Puede parecer que el que es adoptado es menos hijo, aunque paradójicamente está en juego un amor más gratuito. En el hijo de la carne se estima la propia carne, aunque, poco a poco, se va descubriendo, con paciencia, la propia libertad filial. Pero, en el hijo adoptado, lo extraño y desconocido se encarna para formar parte de la maternidad/paternidad escogida. A veces el hijo adoptado rehúsa serlo porque no se siente considerado con el derecho de hijo y en la misma condición de ser querido. A pesar de eso, ha sido elegido desde fuera para ser introducido en el seno familiar. De ese modo, cuando se considera digno de ser amado, se reconstruye en un fundamento de gratuidad excesiva, de una maternidad/paternidad desmesurada.

Cuando lo que se escoge es ser abuela adoptiva se decide una maternidad diferente. La maternidad de las atenciones es una mezcla de ternura y de exigencia, para aprender a comer de todo, para dar el primer paso, para ir el primer día a la escuela. Pero las abuelas, hechas y derechas ya como madres, ahora pueden dejarse vencer por la ternura. Consintiendo, a veces, más allá de lo razonable. Una abuela es una madre exagerada, liberada de la exigencia.

Esto es lo que atrae, sobre todo, a los jóvenes sin hogar que ya han dejado de ser niños —si es que alguna vez lo han podido ser—. Esta clase de abuelas no para niños, sino para jóvenes huérfanos de afecto. Ante la abuela, el impulso afectivo se modula y, al mismo tiempo, se entrega. Cuando los jóvenes sin hogar abrazan a la abuela adoptiva, ofrecen su juventud para sostener la fragilidad de los años. Y, casi sin darse cuenta, abrazan su propia fragilidad. Los nietos adoptivos son sostenidos al mismo tiempo que sostienen.

Es frecuente que los unos se pasen las abuelas a los otros, los abrazos de los unos pasan a los otros. Es verdad que cada uno quiere ser nieto único, elegido y primero, y hasta exclusivo. Pero para los que no han tenido nada que compartir es menos doloroso Y, así, es más fácil que los hijos de madres diferentes sean nietos de la misma abuela. Como en un origen de vida primordial y no genealógico. Es posible tener madre, allá tan lejos, y abuela aquí tan cerca. Y, como todos saben lo que es tener necesidad, casi sin querer, lo comparten.

Los entreabrazos

Es significativo el carácter comunicativo que tienen los abrazos. También las abuelas que antes fueron madres son las que tantas veces reúnen en la mesa a toda la familia. De los diferentes hijos y de sus parejas, y de los hijos de sus hijos y sus respectivas parejas, de generación en generación. El secreto de estos abrazos alrededor de una mesa, cuando no se hereda, se acaba perdiendo, olvidando lo que es auténtico y definitivo.

Cuando encontramos una monja-abuela de los abrazos, encontramos un símbolo colectivo, una presencia tan inesperada como imprescindible. Sus abrazos, fuera de toda mesura, tienen una elocuencia especial. Hablan de lo que está más allá de lo urgente. Lo primero será querer y acercarse para ofrecerse. El mejor protocolo sigue siendo el primer abrazo. No hay cartera de servicios sociales, ministerios de orden o título homologados. Todo eso será necesario, pero no se puede olvidar qué es lo primero.

La propagación de los abrazos tiene que ver con este poder generador de la vida. Los maestros de abrazos enseñan a los demás a abrazar. Cuando la ausencia de ellos es la marca de muchos abandonados, se necesitan abuelas adoptivas. No bastan los recursos económicos, los profesionales bien formados, las respuestas justas, incluso el techo y el trabajo digno. Como las Abuelas de la Plaza de Mayo con sus pañuelos blancos; se necesitan abuelas de la memoria de los abrazos. De lo que nos constituye como seres humanos, por sabernos hijos y hermanos.

Detectamos que van apareciendo abuelas-abrazos. No solo son mujeres, pero ellas son las primeras. No solo son mayores, algunas también son jóvenes. El contagio de los abrazos es primordial, más que la razón o el sentimiento. Hunde sus raíces en la recuperación de la humanidad. Abrazamos porque somos algo más que un individuo posesivo, abrazamos porque no somos indiferentes, abrazamos porque cargamos con el otro y descargamos sobre el otro, abrazamos porque no estamos solos.

Los transabrazos

El verdadero secreto de los abrazos es que, antes de abrazar, hemos sido abrazados. Los abrazos no nacen porque sí. Podemos decir que los abrazos se heredan de generación en generación y se convierten en «transabrazos».

El primer abrazo es la creación en cada uno, nacimiento del cosmos y de la vida, elección amada para cada hijo. Somos el fruto del abrazo de Dios desbordado, sobreabundante, desmesurado. Un amigo de la calle se expresaba así: «Me han dicho muchas veces "hijo de puta", pero he descubierto que soy hijo de Dios». He ahí la fuente de los abrazos.

La imagen de Cristo es el abrazo de la cruz. Ahí están todos los abrazos de Jesús: el del hijo pródigo escapado del hogar, el de la samaritana perdida, el de Zaqueo excluido, el de Lázaro muerto y el de Magdalena reencontrada. Somos hijos de unos brazos extendidos en forma de cruz y de un corazón traspasado. Dejarnos abrazar por el crucificado es entrar en la dimensión de los transabrazos. En ellos hay brotes de salvación, de perdón, salvación del desahucio, techo del hogar, papeles de hijo, futuro de olvidados. El abrazo de María a Cristo muerto, en la Piedad, preside la iglesia de Santa Anna. Es un abrazo al que, aparentemente, está muerto, sin vida, como los zombis de nuestras ciudades excluyentes, los que mueren jóvenes de esperanza hundida. Una extraña falda donde la humanidad es abrazada por el Dios caído de todos los vencidos. ¿De dónde procede este abrazo sereno y terminal?

Los abrazos de Viqui, últimamente, son únicos. Cuando las fuerzas fallan y se acumulan los años, cuando el corazón está ensanchado y débil a la vez, cuando el alma avanza a años luz de la velocidad del cuerpo, que se queda sin aliento, es entonces cuando los abrazos son, justamente, el último recurso y el mejor servicio. Los abrazos de monja-abuela son transabrazos. Por ser de monja, apuntan a Dios, y por ser de abuela se traspasan como la herencia. Y, porque son abrazos, llegan hasta los últimos, que pasan, entonces, a ser los primeros.

Bienvenidos, pues, estos abrazos de Viqui. A ver si aprendemos de la monja-abuela de los abrazos alguna cosa en este libro de los otros abrazos, de los entreabrazos y los transabrazos.

PEIO SÁNCHEZ,
rector del Hospital
de Campanya Santa Anna

Introducción
Los abrazos

Lo mejor que tiene el escribir pasados los ochenta y cinco años es el haber vivido mucho, el haber visto y haber escuchado muchas cosas, hasta asimilar un montón de lo vivido, después de haberlo pasado a menudo por el tamiz de la reflexión, el diálogo y el recuerdo compartido. La verdad es que nunca había dado tanta importancia a los abrazos como lo hago hoy en día, en esta edad avanzada, y, sobre todo, después de la terrible abstinencia de contacto físico durante los años de la pandemia del covid-19. Aquellos abrazos convertidos en simple informática o telefonía no nos satisfacían en manera alguna. Recuerdo la reacción de un sobrino nieto mío de seis años, que se negaba a las videoconferencias alegando que «aquellos abrazos no eran de verdad». Cuando volvimos a recuperar el contacto físico con las personas, me di cuenta de que empezábamos a valorar mucho más los abrazos, la cercanía y los encuentros.

Pero, por otra parte, ya hacía tiempo que yo quería escribir sobre historias de abrazos que he vivido durante mis largos años de vida. Abrazos, unas veces recibidos, otras, dados, algunos de los que he sido testigo y hasta alguno que otro sobre los que me han hablado o consultado…

Advierto que yo no voy a hablar de los abrazos como medio terapéutico importantísimo para la realización personal, como aseguran los psiquiatras y los entendidos en el alma humana desde las diferentes ciencias especializadas. Ni es mi estilo, ni estoy preparada en estas ciencias. Y, por otra parte, sobre eso ya se ha escrito mucho y bien.

En este sentido, quiero hacer referencia, solamente, a la doctora Marian Rojas Estapé, que obtuvo un gran éxito con su libro *Cómo hacer que te pasen cosas buenas*, publicado en más de cuarenta países. En su segundo libro, *Encuentra tu persona vitamina*, ha dedicado al valor de los abrazos unas páginas muy bellas y entrañables. Dejando a un lado sus explicaciones sobre la oxitocina —la hormona relacionada con la felicidad por su fuerza terapéutica—, llega a decir que los abrazos «curan, reconfortan, generan paz y mejoran el estado de ánimo».

Pero, en este libro, quiero referirme a los abrazos desde ese estilo periodístico que me caracteriza, y que es el de la experiencia personal, el de la vida a la que me he asomado y volcado con una excesiva curiosidad desde mi lejana adolescencia o juventud y que, más tarde, a raíz de mis trabajos periodísticos y editoriales, se me agudizó.

Lo que vivimos diariamente en nuestra sociedad y que hace años ya me llevó a familiarizarme con lo que he dado en llamar *la mística de la calle* ha sido, para mí, la mejor cátedra en estos últimos treinta y pico años. Se trata de lo que en la década de los cincuenta llamábamos «el mundo», y del que pretendíamos huir en la vida religiosa y, del cual, pasados los años y después del Concilio Vaticano II, pude considerarlo como el lugar preferido en el seguimiento de Jesús. Y este cambió fue posible cuando hice mía aquella famosa frase con la que empezaba la *Gaudium et spes*. Sí, realmente fue un cambio radical en mi experiencia de mística y misión, que diría más tarde el jesuita Xavier Melloni: «El gozo y la esperanza, el llanto y la angustia de los hombres de hoy, sobre todo de los más pobres y de todos los afligidos, es también el gozo y la esperanza, el llanto y la angustia de los discípulos de Cristo, y no hay nada verdaderamente humano que no resuene en su corazón» (GS1).

Ha sido precisamente aquí, con los hombres y mujeres de mi tiempo, con los que me he encontrado día a día, primero en el mundo educativo de escuela cristiana, y, después, en el mundo diverso y a menudo angustioso de «la escuela de la calle», donde he aprendido de todo... También de abrazos, observados, entregados, recibidos o rechazados.

Ahora, desde estas páginas, quiero hacer partícipes a mis lectores de unas historias bellísimas. Algunas de ellas ya son conocidas porque las he explicado desde otros ángulos. La mayoría, nuevas.

Mostraré en ellas, no el poder curativo de los abrazos desde la psicología —que también—, sino, sobre todo, desde la caridad, que es la cumbre del amor y que convierte cualquier acción humana en el gozo más profundo.

Solo pretendo demostrar, una vez más, que es feliz la persona que vive entre dos abrazos: desde el de sus padres y madres en el nacimiento, hasta el abrazo final de sus seres queridos a la hora de la muerte. Abrazo que le prepara para el definitivo y eterno del Padre Dios.

Sobre todo, deseo, como en muchos de mis escritos, acercarme al dolor humano de aquellos que han crecido con una carencia total de estas muestras elementales de amor y de acogida. Aquellos que, a menudo, rehúsan los abrazos porque ese estigma les ha marcado de tal manera que ahora los vemos como marginados, o incluso delincuentes, según el vocabulario al que la gente los quiere someter.

Precisamente, con aquellos a los que he aprendido a amar de un modo especial en los años más ricos de mi experiencia, me detendré un poco más para acercarme a la belleza de los *recuperados*, al poder darles el amor con el que hemos sido amados.

El primer abrazo

El niño deseado

Puedo decir con toda sinceridad y profundo agradecimiento que es el entorno en el que viví durante muchos años. Es así como experimenté la llegada de un nuevo ser humano: con el abrazo más tierno y amoroso, esperanzador y acogedor. Me refiero al abrazo de la madre a la que le ponen en el pecho al hijo que ha tenido escondido en sus entrañas durante tantos meses y que acaba de ver la luz en medio de aquellos dolores de parto que la llevan al gozo más íntimo y profundo. Ese gozo y esa alegría de la que nos habló Jesús como signo de la felicidad que Él mismo nos dará, y que nadie será capaz de arrebatarnos.

Sin haber experimentado nunca ese dolor físico ni ese sentimiento gozoso del que nos habla Jesús, siempre me han impresionado sus palabras: «La mujer cuando da a luz tiene dolor, porque ha llegado su hora; pero después que ha dado a luz un niño, ya no se acuerda de la angustia, por el gozo de que haya nacido un hombre en el mundo» (Jn 16, 21).

Al haber formado parte de una familia numerosa de nueve hermanos, he vivido esta experiencia de los primeros abrazos en cuatro ocasiones, las de las llegadas de los bebés que nacieron después que yo. En aquellos tiempos de secretismo, respecto a la concepción y al nacimiento, yo me limitaba a alegrarme cada vez que nos anunciaban la llegada de un nuevo hermanito y recuerdo —sobre todo en los últimos que llegaron, cuando yo tenía más conocimiento— los abrazos y las carantoñas que recibían acabados de nacer, la alegría con la que compartíamos con nuestros padres el gozo de aquella vida nueva que se nos regalaba.

Siempre agradeceré haber vivido aquel ambiente de gozo y del abrazo inicial tan sincero a la llegada de un bebé. Gozo que he continuado viviendo con los hijos de mis hermanos y con sus nietos.

Por aquellos primeros años, no sabía aún nada de otros abrazos iniciales. Aquellos que llevan incorporado un dolor: aquel con el que se ha comenzado a gestar una vida, nueve meses antes.

Cuando, pasados muchos años, recibí una de las confidencias más dolorosas que jamás había recibido, me quedé espantada: se trataba de una madre con dos hijas y el aborto de una tercera, provocado de manera inadecuada; de ella aprendí una lección espeluznante sobre lo que hasta ese momento había imaginado siempre unido al más delicado y profundo gozo.

Hacía años que esta mujer soportaba los malos tratos de su pareja, hasta el punto de que un día llegó a decirme: «Te aseguro que las dos hijas que he tenido son fruto de verdaderas violaciones, aunque sean de mi marido».

De todos modos, angustiada por la experiencia del primer aborto, me pidió ayuda al volver a quedar embarazada porque no soportaba volver a abortar. Fue entonces cuando continuó explicándome su experiencia traumatizante, la que había sufrido al abortar por su cuenta: «Cuando vi bajar el feto por el excusado —me explicaba con pelos y señales— con todos sus miembros apuntando ya la forma de un bebé, me sentí morir de angustia y remordimiento por haber negado el abrazo de madre con el que habría querido empezar su vida mi hijo si hubiera tenido conocimiento. Y me dije a mí misma que nunca más negaría ese abrazo inicial a un hijo de mis entrañas».

Jamás olvidaré esta confidencia y el dolor de aquella madre.

Ahora, cuando convivo con muchas madres africanas —cuya cultura lleva en sí misma la valoración de la vida y que gozan con el hijo que llega—, me encanta observar aquel *como abrazo prolongado* de los bebés cuando sus madres los llevan, envueltos en un paño, enganchados a su cuerpo. Yo diría que es como un largo y acogedor abrazo. Y me encanta. También que hayan contagiado esta costumbre a muchas de nuestras madres europeas.

Y esta costumbre me lleva de la mano a un recuerdo que guardo en el corazón y que será la siguiente historia…

Una incubadora humana

Hace muchos años, allá por la década de los ochenta, fui un verano a Angola para convivir con mis hermanas misioneras y ayudar, en lo que yo pudiese, durante las vacaciones escolares.

Comenzaba así una etapa de mi vida que cambió por completo mi futuro, al conocer un mundo desconocido, al menos directamente, e incluso mitificado por mis lecturas y las películas de misioneros que había visto. Angola estaba en guerra desde hacía veinte años, y las dificultades de mis hermanas para atender a la gente eran muchas. En cada una de las misiones que mi congregación tenía allí, aprendía algo nuevo, gozaba y sufría al mismo tiempo al ver la maravillosa labor que hacían mis hermanas. ¡Cuántas cosas aprendí allí!

Pero fue en el Hospital Nossa Senhora da Paz de Cubal donde trabajaban, donde aprendí una lección inolvidable y completamente contraria a la historia anterior.

Desde el primer día, me había llamado la atención un chiquillo de unos tres o cuatro años que iba siempre detrás de una de las hermanas y la llamaba «mamá». Aquel niño vivía con la comunidad como un Marcelino, pan y vino cualquiera.

Lo entendí todo cuando me explicaron su historia. Se conoce que un día, aquella hermana que le hacía de madre caminaba por el poblado después de uno de los ataques de la guerrilla que había dejado muchos muertos y heridos, cuando encontró el cadáver de una mujer que llevaba colgado a sus espaldas un fardo con un bebé de pocos días. Se acercó y vio que, aunque la madre estaba muerta, el niño aún respiraba a pesar de la gravedad de su estado.

Ninguno de los médicos ni demás sanitarios pensaba que podía salvarse porque necesitaban una incubadora que, en ese momento, no tenían. Entonces la hermana —que, por cierto, era de constitución más bien gruesa— tomó una resolución: meterse en la cama con la criatura apretada y cobijada entres sus pechos desnudos y arroparlo con una capa gruesa de algodón a manera de manta cubriendo al pequeño. No se movió de aquella postura hasta que el niño dio las primeras señales de recuperación, unos días después.

Los médicos aseguraban que la hermana había hecho las veces de una verdadera incubadora humana, logrando que aquel abrazo maternal y terapéutico le salvara la vida. Sí, aquel abrazo prolongado le dio el calor y, sobre todo, el amor que necesitaba aquel cuerpo tan pequeñito para sobrevivir.

Me pareció de una enorme ternura y de una auténtica caridad —esa que sabe ir más allá de los miedos y las ñoñerías— por el hecho de valorar más la vida y la maternidad, que los prejuicios absurdos.

Por otra parte, una vez más, lo pude comprobar: el abrazo de madre de una mujer que había consagrado su virginidad al cuidado de sus hermanos había salvado la vida de un recién nacido víctima de una guerra injusta.

En la historia de estos abrazos que he visto a lo largo de mi vida, este ocupa un lugar de preferencia. El abrazo de la hermana Josefa Guzmán, tan prolongado como el amor a sus hermanos y su espíritu misionero, había obrado el milagro de la maternidad-virgen en medio de los dolores de parto de una guerra de veinte años.

El tardío abrazo maternal

Cuando conocí en la prisión a aquel chico que se caracterizaba por las rabietas y continuas peleas, al que a menudo tenía que visitar, con permiso del director, en la celda de castigo y aislamiento, solo sabía de él lo que me explicaban y que se podía reducir a una palabra con la que todo el mundo lo caracterizaba: impresentable.

Mi visión cambió el día que me recibió en su celda con estas palabras: «¿Cómo crees que serías tú si te hubiesen abandonado en tu infancia hasta tres veces? Y comenzando por tu propia madre».

Realmente no podía ni imaginármelo, y así se lo dije. Pero, por otro lado, no me atrevía a preguntarle cómo había sido la historia de aquellos abandonos, porque sabía que no le gustaba que le hicieran preguntas. Ya debía haber pasado por demasiados interrogatorios. Tal vez por eso, porque no se lo pregunté, me lo explicó.

La historia me hizo recordar, en primer lugar, el texto del profeta Isaías (49, 15): «¿Puede una madre olvidarse de su hijo recién nacido, puede dejar de amar al hijo de sus entrañas? Pues, aunque alguna lo olvidase, Yo no te olvidaría».

En la historia de mi amigo se había dado ese olvido inusitado. Solo los que conocemos de cerca los destrozos que la droga llega a producir en las personas, podemos entender de alguna manera lo que le pasó a aquella madre: se encontraba en el pico más alto de la adicción cuando dio a luz al hijo no deseado.

Un día, cuando el niño aún tenía pocos meses, se encontraba con esa angustia que produce el síndrome de abstinencia —lo que vulgarmente se conoce como el mono— y quiso saciar su necesidad. Como no sabía qué hacer con el niño, se lo encomendó a una vecina diciéndole que tenía una urgencia, y pidiéndole el favor de cuidárselo un rato. Ella volvería a buscarlo lo más pronto que pudiera.

Pero la cosa no salió como tenía previsto, o bien porque la cantidad de droga que se metió era mayor de lo habitual, o bien porque la droga estuviese adulterada. El caso es que sufrió los efectos de una sobredosis, perdió el conocimiento y pasó dos días en la UCI del hospital al que la llevaron los mossos d'esquadra que la encontraron en un estado alarmante.

Cuando, ya recuperada, volvió a su casa, no recordaba dónde había dejado a su hijo, a cuál de las vecinas se lo había encomendado. Por otra parte, la cuidadora eventual a la que se lo había dejado, al ver que pasaban dos días y la madre no lo venía a buscar, se dirigió a los servicios sociales a denunciar el caso. Y, como era de esperar, el bebé pasó a la tutela de la Generalitat.

Por lo que se refiere a la madre, nunca llegó a saber a ciencia cierta con quién había dejado a su hijo, puesto que las vecinas se habían puesto de acuerdo para que cada una dijera que a ella no se lo había dejado...

Pocos meses después de aquel *primer abandono*, la madre moría de otra sobredosis a causa de su avanzado estado de adicción. Entonces la abuela materna pidió la tutela del nieto y la Generalitat se la concedió.

Los abrazos de la buena mujer duraron poco, porque, en cuanto el niño empezó a crecer y a mostrar un temperamento difícil de «domar», la pobre abuela, de avanzada edad, no se vio con fuerzas para ocuparse de la educación del niño y lo *devolvió* a la Generalitat *abandonándolo* de nuevo y privándolo de la oportunidad de ser abrazado como Dios manda.

Esto es lo que me explicó mi amigo de la prisión. Si fue exactamente así o de otro modo menos traumático, no lo sé, pero el caso es que así es como lo recordaba en su corazón herido, y eso era lo que había creado en él aquella desconfianza en el trato con cualquier persona que se le acercara, aunque fuese para ayudarlo y ofrecerle una mano, que él siempre rehusaba.

Pero aún no acaba ahí la cosa —siempre según lo que él me contaba—, porque, después de pasar unos años en el orfanato, fue *acogido* por una familia con la intención de adoptarlo y darle los apellidos, si todo iba bien. Tenía cerca de diez años.

Tampoco este iba a ser su destino final, el que le hubiera llevado a gozar de una familia y, con ello, de los abrazos maternales y paternales, porque —y me lo dijo con una mayor carga de rencor— según aquellos *padres* empezó a portarse mal y a cansar de tal manera a la familia de acogida que no se atrevieron a dar el paso siguiente, el de la adopción, y lo *devolvieron por tercera vez* a la tutela de la DGAIA[1], donde permaneció hasta los dieciocho años.

No es difícil adivinar qué pasó cuando a esa edad se vio libre, en la calle, y se juntó con otros ex-MENA: ese fue el comienzo para convertir sus travesuras en actos delictivos, aquellos que acabaron con él en la prisión de jóvenes y, unos años después, en la de Quatre Camins, de adultos, donde yo lo conocí con el comportamiento que he explicado, metido siempre en problemas y conflictos.

Después de la revelación de su pasado, permaneció callado un momento, pero me di cuenta de que su actitud hacia mí había cambiado. Me dirigió una mirada que, más que de rabia, como la que tenía hasta ese momento, era de súplica y de impotencia infantil.

Yo no tenía palabras para responder a la pregunta inicial: «¿Cómo crees que serías tú si te hubiesen abandonado en tu infancia hasta tres veces? Y comenzando por tu propia madre».

¿Qué podía responder yo? Mi silencio era más elocuente que cualquier respuesta.

Y fue un larguísimo *abrazo maternal* —que siempre pro-

---

1. Direcció General d'Atenció a la Infància i l'Adolescència, un organismo de la Generalitat que promueve el bienestar de la infancia y la adolescencia en alto riesgo de marginación social.

curo darles en este sentido— el que obró el milagro de ablandar su actitud dura y esquiva, de conseguir que llorara un buen rato sin abandonar mis brazos para comenzar una verdadera amistad materno-filial.

Los niños
que reciben abrazos

Hace un rato, pasaba por delante de una escuela a la hora de la salida de clases. Una larga fila de padres, madres, abuelos y abuelas esperaban para recoger a sus hijos o nietos. Me he emocionado mientras contemplaba la alegría infantil cuando veían a su familiar querido que venía a buscarlos. Un padre, que llevaba en sus brazos al pequeño de P3, no dejaba de besarlo y abrazarlo. Algunos niños algo mayores recibían abrazos diferentes, pero no menos entusiastas y esperados. Después, lo único que deseaban era ser escuchados cuando explicaban sus cosas, las que habían llenado su día y eran de máxima importancia para sus pocos años, y sus intereses, tal vez insignificantes para la mentalidad adulta: el del dibujo que la seño le ha enganchado en el mural, porque ha dicho que «era el más bonito», el que le habían salido bien las sumas y restas, el que había jugado a fútbol en el recreo, etc. Abrazos y atención de los abuelos o de los que les habían ido a buscar a la escuela.

Después, llegar a casa y encontrar a los otros miembros de la familia, preguntar qué hay para cenar, recibir el abrazo de quienes lo esperaban, correr por el pasillo al oír la llave que indica la llegada del padre…

Sin duda, todas estas cosas son las que componen la vida feliz de un niño y le dejan marcado para toda la vida. Del mismo modo que no recibir estos abrazos y atenciones deja un vacío que difícilmente podrá llenar en el futuro.

Permitidme explicar aquí una experiencia propia que me marcó. Ya he dicho que he tenido la suerte de vivir en el seno de una familia en la que, a pesar de que éramos muchos hermanos, siempre nos hemos sentido queridos, mimados y abrazados; incluso, cuando acabábamos la etapa infantil, al cumplir los quince años, teníamos una fiesta en la que nos convertíamos en *hijo único*. Aquel día, nuestra madre y nuestro padre se dedicaban a festejarnos de un modo especial, nos llevaban a un restaurante escogido por el festejado y por la tarde al cine o al teatro. A aquella fiesta le llamábamos la de la *pasatanda*, porque la primera *tanda* de los hermanos era la de los que habían nacido antes de la guerra del 36 y los cinco siguientes éramos los de la posguerra. Aquel día nos sentíamos el centro único del amor materno y paterno.

Pero, dejando a un lado aquella excepción, cada día había abrazos y amor para todos. No nos íbamos a la cama sin un abrazo de nuestra madre y nuestro padre. Y, cuando ya estábamos en nuestras habitaciones, nuestro padre tenía una costumbre que nos gustaba mucho: pasaba por todas las camas y nos bendecía, haciéndonos una cruz en la frente.

Recuerdo un día que se me quedó grabado para siempre: yo había tenido una de mis rabietas y había disgustado mucho a mamá. Aquella noche me fui a la cama sin abrazo y sin despedida: cuando mi padre llegó a mi habitación, bendijo a mi hermana, la que dormía en la cama de al lado y, al llegar a la mía, pasó de largo.

No me pude dormir. Un llanto sincero y angustiado me llevó a levantarme de la cama después de un buen rato, ir a la habitación de mis padres, llamar a su puerta y pedir perdón a mi madre y el abrazo y bendición a mi padre, lo que me había negado con razón un rato antes.

Os aseguro que para mí fue mucho más eficaz y educativo aquel detalle que si me hubiera dado un coscorrón o un castigo. ¡Hasta qué punto valoraba yo el *abrazo paternal*!

Gritos en la escalera

Hace muchos años —concretamente en 1999— escribí y publiqué una novela basada en la más absoluta realidad. Una realidad en la que, por aquel entonces, hacía una década que estaba metida, pero a la que no acababa de acostumbrarme y que incluso, a veces, me quitaba el sueño. La titulé *Gritos en la escalera*. Trataba de un niño que había crecido entre gritos y bofetadas, había vivido una juventud marginada y había muerto antes de cumplir los treinta años, a causa de la terrible pandemia que se llevó al cementerio a tantos y tantos jóvenes en aquella maldita década: el sida.

Yo había conocido al chico —que en la novela llamé Javi— en el Hospital del Mar, herido ya de muerte por la enfermedad, y compartí muchas horas con él, primero junto a su cama, y después en el piso de acogida de Ítaca, fundado por sor Genoveva Massip y el padre Costa.

Su historia, que viví y acompañé hasta su muerte, me impresionó tanto que la llevé a la novela con todo el conjunto de personajes que lo rodearon —eso sí, cambiando de nombres y, en algunos, hasta de sexo para que no fueran identificados todos aquellos que formaban su familia, tan marginados como él mismo—. Se trataba de un hogar en el que los abrazos eran sustituidos por los gritos, los bofetones, los golpes y las peleas.

Así había crecido el pobre Javi, un niño más bien tímido y sin demasiados recursos para protegerse de los maltratos. Únicamente la «dormidera» momentánea de la droga dura —en la que se introdujo al comienzo de su adolescencia— le hacía olvidar la angustiosa existencia que le había tocado en suerte.

Transcribo algunos párrafos del libro para que se entienda mejor lo que supone esta ausencia absoluta de abrazos en la familia:

La escalera está más oscura que de costumbre porque una de las bombillas del segundo rellano está fundida. Javi se aferra a la mano de su hermana. De un tiempo a esta parte, tiene miedo. Un miedo indefinido que le hace experimentar una sensación que es incapaz de expresar. Lo único que intenta hacer es no quedarse solo. Salir de casa en cuanto le es posible y vivir en la calle con otros amigos, con los que cree estar más seguro.

Al llegar a casa, suele sentir como un hueco en el estómago, una extraña angustia que, solo más tarde, sabrá explicarse. Ahora lo manifiesta, únicamente, con pequeños gestos reveladores, como este de aferrarse a la mano de su hermana mayor.

—Hijo, no te agarres a mí de esa manera, que me haces daño —le dice Rosario, mientras trata de soltarse de esa minúscula manita que le aprieta—. ¿Qué te pasa? ¿Es que tienes miedo, caguica?

—No, pero es que está muy oscuro y no veo.

—Pues yo tampoco y me aguanto, a ver. No sé cómo no te acostumbras a estas cosas.

—Es que es un miedica de cuidado —asegura Rafa—. ¡Uhhh!, que viene un asesino...

—No tengo miedo, para que te enteres. Es que no veía.

Han llegado al cuarto piso, un ático destartalado y lleno de goteras, desde el que llegan ya, muy cercanos, los gritos del padre. Javi presiente lo que le espera.

—¿Por qué no vamos a jugar otro poco a la calle, Rafa? El Manolo y el Ángel están todavía por ahí.

—Porque quiero ver una cosa que echan a la tele y... porque no me da la gana.

—Es tarde, Javi, y tienes que cenar algo para irte a la cama —añade Rosario—. Mañana has de madrugar para ir a la escuela.

Javi se ha callado. Ya están entrando en el piso y tiene ante sus ojos uno de los espectáculos habituales: su padre ha llegado bebido y se puede esperar cualquier cosa cuando está así. Lo sabe de sobra a sus diez años.

—¿De dónde venís, idiotas? —pregunta con voz gangosa, mirando a Rosario.

—De dónde vamos a venir. De la calle, ¿no lo ves? Y déjame que no estoy para cuentos.

—Oye, a mí no me hables así, mocosa. ¿Qué te has creído? Le dices a tu padre de dónde vienes o te arreo una que te tumbo.

—Tú no eres mi padre, a Dios gracias. Y déjame, te digo. Yo vengo de buscarme la vida como puedo. Y estos de la calle, que es donde están mejor. Pa lo que ven en esta casa, pues mejor están en la calle.

Abrazos

Antes de que a Paco Marín le dé tiempo a contestar, ya se ha encerrado en el cuchitril en el que se suele refugiar en momentos así. Un cuarto sin ventilación, con una litera y un camastro. Allí duerme Magda con los dos pequeños. Rosario y Toni duermen en el comedor en unos jergones que extienden por la noche. En otro cuartucho de dos metros cuadrados y medio, está la cama de matrimonio. Rosalía trastea por la cocina, consciente de que hoy las cosas andan mal. Casi no ha traído dinero y a Paco le ha sentado fatal. Le ha reprendido diciéndole que ya no sirve «ni pa eso». La atmósfera que se respira es agobiante. Javi se acurruca en la cama inferior de la litera y juguetea con un cochecito que se ha encontrado junto a un contenedor de basura. La puerta está entornada y de vez en cuando mira hacia fuera Aparentemente, no se entera de nada, pero en realidad no pierde ni una palabra, ni un gesto, ni un silencio de los que lo rodean. Calla; suele callar cada vez más. El otro día, la profesora del colegio le preguntó por su padre, cuál era su trabajo, qué hacía en casa, y no le sacó una sola palabra. Levantaba los hombros y se limitaba a mirarla muy fijamente como con cierta rabia contenida. Cada vez le gusta menos que le pregunten cosas de su familia. Lo mismo le ocurre con sus amigos y compañeros de clase... siempre responde con un seco «y yo qué sé»... Ni sabe en lo que trabaja su padre, ni le importa.

En cuanto a su madre, demasiado lo sabe a sus diez años, inmaduros para algunas cosas, pero demasiado «enseñado» en otras. Es algo que oye repetir continuamente de distintas maneras. Al principio, eso de «hacer la calle» no lo unía con el calificativo que sabía era un insulto. Solo cuando Andrés, un chaval algo mayor que él, le dijo un día en el transcurso de una pelea: «Tú, calla, tío, que no tienes nada que decir aquí. Y si te llamo hijo de puta, no digo más que la verdad. Porque eso es lo que hace tu madre...».

Poco a poco ha ido uniendo esos retazos de vida y conversaciones que se empeñaban los mayores en proporcionarle y le hacían entender su situación familiar de una manera vaga, pero real. Por eso jamás hablaba de nada que pudiese relacionarse con su familia. Callaba y miraba fijamente a quien le preguntara.

Rosario se daba cuenta de la rabia contenida del chiquillo, porque le recordaba lo que ella había vivido en su infancia...

. . .

En un momento determinado se dio cuenta de que los gritos e insultos del padre habían cesado. Un silencio penoso que solo rompía los sollozos de su madre. Eso era siempre lo que más le angustiaba...

A la mañana siguiente, cuando se levantó, ya no estaba su padre y los hermanos aún dormían. La madre se hallaba en la cocina preparando el desayuno.

Javi se le acerca en silencio y le da un beso en el brazo, porque era el único sitio al que llegaba sin hacer que su madre se bajara a su alcance.

La madre lo mira extrañada:

—Y a ti, ¿qué te pasa? A ver, ¿qué significan estos mimos? Y para carantoñas estoy yo. Seguro que me quieres pedir algo.

Javi se aleja de su madre, coge un trozo de pan y se dirige a la calle sin decir una palabra. Nadie le ha hablado aún de la necesidad grande que siente, pero que no sabe formular: la de *los abrazos de madre*.

Recuerdo, aún con todo detalle, muchas de las cosas que explico en este libro y que oí de la boca de Javi, cuando, ya mayor, se había convertido en aquel joven resentido, aparentemente indiferente y, a veces, hasta antipático, que había vivido su infancia en un mundo marginado y de delincuencia; ahora el sida estaba a punto de arrancarle la vida. Cuando iba a visitarlo allá, a la planta novena del Hospital de Mar, le daba todos los abrazos que la vida le había negado en su infancia.

Y fue, ya muerto, cuando la madre asistió a su entierro, esposada entre dos mossos d'esquadra que la habían llevado desde la prisión, y pudo darle ese *último abrazo materno* que no le había dado en su infancia.

No la juzguemos, por favor, porque seguramente tampoco ella los había recibido en su infancia.

Abrazos de bienvenida

Viví unos años en Madrid, destinada a un colegio de nuestra congregación —la Compañía de Santa Teresa de Jesús—, donde, dicho sea de paso, fui muy feliz, como en los demás sitios a los que he sido destinada. Pero no podía dejar de añorar la *casa nostra*. Y no me refiero a la casa de mis padres, mi hogar, sino a la ciudad donde había nacido, Barcelona. En aquellos años de la década de los setenta, las cosas en mi tierra estaban ya bastante revueltas. La *nova cançó*, que en Cataluña estaba entonces en boga, me llegaba por una hermana mía: cada vez que salía al mercado una nueva, me la enviaba en aquellos discos que ahora llaman de vinilo y que yo escuchaba sola, los domingos por la tarde, con el tocadiscos que utilizaba con los alumnos.

Tal vez por aquellos ratos de nostalgia que me invadía en aquella edad crítica de los trcinta y tantos años, recuerdo muy bien mis sentimientos cuando tenía ocasión de pasar ratos en una estación de tren.

Cada vez que veía llegar un vagón lleno de gente que bajaba y observaba a los pasajeros mirando a un lado y a otro en busca de sus parientes o amigos, me emocionaba viendo a los que se encontraban y corrían para darse aquellos abrazos tan tiernos y conmovedores. Como también me dolía observar algunas caras de desilusión de los que no encontraban a nadie...

Por eso siempre me ha angustiado oír a un chico joven decir que le da igual salir o no salir de la prisión porque a él no lo espera nadie. Cada vez que he sentido esa frase en boca de alguno de los internos que visitaba, se me encogía de angustia el corazón.

Cuando alguien da la bienvenida a otra persona, de alguna manera, le está diciendo que está ilusionado por su llegada, y el abrazo es como la rúbrica que lo confirma de manera sensible.

Yo siempre recordaré los abrazos que recibí en un momento bastante difícil de tragar. Cuando, a los diecinueve años, dejé mi hogar, mis amigos, el chico con el que empezábamos a *festejar*, como decimos en mi tierra cuando se empieza a salir con alguien. Dejaba una vida fácil de una clase media más bien acomoda y bastante protegida para abrazar la vida religiosa a la que me sentía llamada, pero que, en el momento decisivo de comenzarla, no es tan fácil de aceptar, si no fuera porque el gozo de seguir una llamada de Jesús la hace posible.

Los abrazos de los que ahora hablaré, aun cuando hace más de sesenta años que los recibí, los recuerdo muy bien y con gran emoción.

Después de haber pronunciado la fórmula de aceptación para formar parte de la familia teresiana en la Compañía de

Santa Teresa de Jesús, me encontré, allá, en la capilla de mi colegio, donde me había educado durante tantos años, con una hilera de monjas que, desde aquel momento y con un fuerte *abrazo* de bienvenida, me aceptaban en su familia. Y, realmente, desde ese momento, han sido para mí eso: mis hermanas. En los momentos alegres y festivos y en los de dolor por la pérdida de los seres queridos, en la enfermedad, en las dificultades normales que la vida trae consigo y en todo aquello que nos hace crecer personal y comunitariamente.

Recordando aquí estos diferentes abrazos que yo había recibido en según qué acontecimientos, me viene a la memoria una de aquellas confidencias que, a lo largo de mi vida, me han dado la experiencia que ahora reflejo en mis escritos, para hacer partícipe de «el gozo y la esperanza, el dolor y la angustia del hombre de hoy» a todos los que quieren estar a mi lado.

Ya había comenzado mi vida entre los más vulnerables en el barrio en el que he vivido durante tantos años, el Raval de Barcelona. Era la época terrible del sida que se llevó a tantas jóvenes víctimas de las adicciones. Aquel chico me habló de sus sentimientos de un modo que yo jamás hubiera imaginado. De tal modo que me atreví a preguntarle qué había sentido cuando, después de una sobredosis, estuvo a punto de morir. Su respuesta me dejó sin palabras. ¡Qué abrazo de *bienvenida* le había preparado Dios! Porque, esto fue lo que me respondió: «Cuando estaba a punto de morir yo vi claramente cómo Dios me abrazaba y me decía: "Ven, hijo mío, y descansa en Mí de tanto pecar..."».

Exhausto de tanta droga, detenciones, cuartelillos y prisiones, calles y hospitales, ahora podía descansar en Dios de unos *pecados* a los que le había llevado su vida marginada y de la que solo en Él, en el Dios misericordioso, compasivo y benigno, podría encontrar el reposo y el verdadero *abrazo* de bienvenida.

Desde entonces, siempre pienso cómo será el mío cuando me llegue la hora. También yo descansaré en Él y en su abrazo. Y este pensamiento me alienta, gracias a la confidencia de aquel joven drogadicto y perseguido siempre por la justicia.

Abrazos de despedida

¡Qué diferentes son los abrazos de bienvenida de los de despedida! Esta misma mañana he tenido una experiencia —alegre y simpática— en el aeropuerto de Barcelona: una familia despidiendo a un joven que tal vez no llegaba ni a los veinte años. Yo, como acostumbro por mi tendencia a la creación, me he imaginado una historia de despedida: fotos, abrazos, las lágrimas de la que parecía ser la madre, las bromas para aliviar la tensión de los hermanos, parientes o amigos, y todo el ritual que suele acompañar a estos casos.

Cuando ya estaba junto a la puerta de embarque —momento de máxima emoción en las despedidas— el joven en cuestión, se vuelve de repente y regresa junto al grupo de los suyos. De nuevo, abrazos a la que yo imaginaba que era su madre, luego al padre y a todos a la vez formando juntos un círculo en un abrazo común. Y, solo después de esta repetición de «la jugada» se ha vuelto de nuevo hacia la puerta de embarque y ha desaparecido de su vista. Os aseguro que, sin conocer a los artífices de aquella despedida, ni saber nada de su historia, me he emocionado, la verdad. Y es que una despedida es algo que conmueve a todo el mundo. En este capítulo hablaré de unas cuantas despedidas que he vivido a lo largo de mi vida. Algunos abrazos que han dejado una huella en mí y en mis amigos por sentirlos como los últimos.

Un abrazo de despedida... sin saber que lo era

Del hombre al que despedí aquella noche de invierno —no recuerdo exactamente el mes ni el año—, lo que no olvidaré nunca es aquel abrazo. Yo intuía que iba a ser el último y por ese motivo se lo di de una manera tan especial que siempre lo recordaré.

Era el tiempo del que ya he hablado, en el que el sida actuaba con más virulencia. Los soportales de las Drassanes Reales de Barcelona —hoy el Museo Marítimo— aún no tenían esas grandes cristaleras que actualmente los aíslan de la calle, allá cerca de paseo de Colón y del paseo de Josep Carner. En aquellos años los porches abiertos eran un verdadero refugio en donde dormían muchos mendigos y algunos sintecho adictos a las drogas.

Un día estaba hablando con un grupo de chicos que conocía, cuando uno de ellos me habló de un amigo suyo que acostumbraba a dormir en esos porches. Estaba muy grave, con una herida infectada en una pierna que él creía que estaba en un estado muy lamentable. Despedía un olor tan desagradable y fuerte, que nadie quería dormir a su lado.

Era al caer de la tarde. Yo, por la descripción, pensé que la cosa era de gravedad. Me acerqué, y quedé helada al ver el estado en que se hallaba, y más estando en la calle. Verdaderamente, el olor que emanaba de la herida y de toda su persona era insoportable. Solo con acercarme a él y ver su pierna, sin entender nada de medicina, me di cuenta de que la cosa era de una gran urgencia: aquella pierna parecía gangrenada. Lo primero que le dije fue que quería llevarlo al Hospital del Mar, el más cercano. Con una energía que no sé de dónde sacó en el estado en que se hallaba, me dijo que no, que de ninguna manera. Pensando que, a lo mejor, tenía algún problema con ese hospital, le propuse ir al Clínico. Se volvió a negar y me dijo categóricamente que no quería ir a ningún hospital ni a ningún sitio en el que le pidieran su nombre y otros datos personales… Intuí el motivo de su angustia y le dije que, al menos, me dejase que lo acompañara a una pensión que yo conocía porque había ayudado a alojar en ella a otros de la calle y que no estaba lejos. En ese caso, cedió.

Con la ayuda de un compañero, ya que él no se podía mover, lo arrastramos hasta un taxi. Me costó tres o cuatro intentos, porque todos se negaban a llevarlo, viendo su suciedad y el estado en el que se encontraba.

Al fin, lo pude dejar en la pensión a la que llevábamos a muchos de los *clientes* de sor Genoveva Massip, con la que yo colaboraba.

Como no llevaba dinero, le dije a la dueña de la pensión

que iría al día siguiente a pagarle, acordándome del buen samaritano del Evangelio.

Me despedí del enfermo. Él, agradecido, me dio un *abrazo* largo y entrañable que se me quedó grabado para siempre. Parecía que no quisiera separarse de mí. Era... como si intuyera la despedida.

Y es que lo fue de verdad.

Hago un paréntesis para explicar el milagro que se produjo cuando llegué al colegio en donde vivía entonces. Yo iba preocupada, pensando de dónde iba a sacar el dinero para pagar la pensión al día siguiente. En ese momento, salía un padre de familia del Colegio al que yo conocía mucho y que sabía a qué me dedicaba en mis tiempos libres. Al verme, se me acercó y me dio un sobre diciéndome: «Toma, para tus causas». Al abrirlo, vi que era exactamente la cantidad que costaba la pensión.

No he querido dejar de explicar este detalle como un precioso complemento de esta historia: ¡cuánta gente anónima hace el bien!

Al día siguiente trabajé durante toda la jornada ansiosa por saber qué habría pasado con el hombre de la pensión, y esperando poder ir a pagar a la dueña que tan bien se había portado al aceptarlo de aquella manera.

Al atardecer, llegó la hora. Bajé por la calle Ganduxer hasta los ferrocarriles de la Generalitat, caminé ramblas abajo hasta llegar a las Atarazanas y a la pensión que estaba por una de aquellas callejuelas, con la incógnita angustiosa de pensar en lo que me iba a encontrar.

En cuanto entré y vi la cara de la dueña de la pensión, me lo imaginé. Había muerto aquella misma noche, unas horas después de aquel fuerte *abrazo* que, realmente, había sido de despedida. Os aseguro que nunca he tenido tanta alegría ante una muerte. Me consolaba el hecho de que, al menos, no había muerto en la calle. Había recibido el abrazo de despedida y había reposado en una cama con una muerte algo más digna.

Los demás detalles de aquel hecho os confieso que los he olvidado, pero la visión de aquel moribundo en plena noche y en aquel porche con la pierna necrosada, el fuerte olor a podrido que despedía y, sobre todo, *aquel abrazo de despedida*, no los olvidaré nunca.

Un abrazo de despedida para comenzar

Aquel abrazo y aquella despedida del hombre anónimo de los porches de Atarazanas era el final de una vida, y ahora, curiosamente, me evoca otros abrazos de despedida, pero, precisamente para empezar una nueva vida.

La despedida que ahora voy a explicar sí que la recuerdo perfectamente con fecha, hora y lugar.

Era el 20 de marzo de 1956, en un barrio de Tortosa que se llama El Jesús, donde estaba ubicado, desde hacía muchos años, nuestro Noviciado, el de la Compañía de Santa Teresa de Jesús, para una parte de España. Ha albergado, durante mucho tiempo, a centenares de jóvenes preparándose para ser religiosas después de hacer los votos de pobreza, castidad y obediencia que se pronuncian al acabar el período de formación. Y, cuando digo «centenares» no se trata de una exageración, porque en mi tiempo llegamos a ser más de ciento cincuenta.

Un viaje —bastante largo en aquellos tiempos— desde Barcelona a Tortosa con mis padres, una parada obligada para probar los famosos *pastisets*, tan típicos de la zona, y la llegada a aquel edificio semejante a un castillo grandioso, en el que habría de vivir durante dos años y medio, aislada de todo lo que había sido mi vida hasta aquel momento, en el Eixample de Barcelona, concretamente en la Rambla de Cataluña al lado de la Diagonal.

El futuro siempre constituye una gran incógnita para todos, pero para aquellas jóvenes que entrábamos en una congregación en los años del nacionalcatolicismo, que tanto había de influir en la manera de vivir de la Iglesia española de aquel momento —tan lejos aún del Concilio Vaticano II, que fue cuando se produjo el gran cambio— era mucho más imprevisible de lo que podíamos imaginar.

Aquella misma noche, después de una charla distendida con la madre maestra de novicias y con la superiora de la casa, mis padres regresaban a Barcelona, o al menos se despedían de mí, para marchar a la mañana siguiente, después de dormir en un hotel. Eso no lo recuerdo bien, pero lo que sí que tengo fijado en mi memoria son los abrazos de despedida de mis padres en aquel amplio pasillo de baldosas negras y blancas.

Yo nunca había estado interna en un colegio, nunca me había separado de mis padres y de mis numerosos hermanos, si no era para ir de excursión o a casa de una amiga uno o dos días.

Despedidas como la de aquel día de marzo de 1956 y abrazos como los de aquel atardecer dejan como una herida de ausencia abierta en el corazón, una herida que, cuando empezaba a atardecer, y durante muchas noches, se me abría y me hacía derramar lágrimas ocultas cuando intentaba dormirme en aquel dormitorio común con las camas separadas por cortinas blancas.

Os digo la verdad: solamente aquellos otros abrazos *invisibles, pero reales* de Dios a mi alma me hacían soportable el recuerdo de aquella despedida y la añoranza de los abrazos de mis padres…

Quien no conoce este gozo tan oculto, tan místico o misterioso, pero auténtico de la segunda bienaventuranza, no lo podrá entender: «Bienaventurados los que lloran, porque serán consolados…».

Abrazos rechazados

Sí, también hay algunas personas que no quieren saber nada de abrazos, que los rechazan y que, a menudo, juzgamos como gente desagradable, o desagradecida... sin saber de dónde les viene este rechazo ante uno de los gestos más agradables y deseados por la mayoría de las personas.

Fue allá por la década de los noventa, en esos años que, como ya he dicho, había tanto enfermos de los que la gente huía. Yo, por aquel entonces, ya iba semanalmente a un piso de acogida para aquellos enfermos de sida que estaban ya en un estado de gravedad tal que no podían vivir en la calle, y que tampoco estaban lo suficientemente mal como para ocupar una cama en los hospitales, los cuales no daban abasto para atender aquella pandemia que obligaba a aislarlos.

Sor Genoveva Massip, una hermana de la Caridad, y el padre José Costa, franciscano, habían creado aquel piso para contribuir con ese grano de arena a paliar el grave problema de aquellos años: la muerte de muchos jóvenes en la calle, víctimas de la droga dura y del sida.

Aquel día, al llegar, me comunicaron que había venido un chico joven nuevo, pero que no quería que nadie se le acercara:

—Si le tienes que llevar la merienda, la cena o la medicación a su cama —me dijo la voluntaria anterior a la que yo suplía—, se lo tienes que dejar en la mesita de noche, porque es tan arisco que te lo puede tirar, y rehúsa cualquier muestra de afecto o contacto humano.

Pronto lo pude comprobar yo misma. Algunas veces, incluso, cuando no estaba en la cama, sino sentado en la butaca, se levantaba con dificultad, abría un palmo la puerta, cogía lo que fuera que yo le llevara y volvía a cerrarla delante de mis narices.

Su salud se iba deteriorando cada día que pasaba. Ya no se podía levantar de la cama y casi no le quedaban ni fuerzas para rechazarnos.

Una tarde, al llegar a su habitación para llevarle algo, probé a sentarme a su lado en la cama y ya no dijo nada. Poco a poco, me fui acercando más y hasta intenté cogerle una mano, aunque lo rechazó inmediatamente, como si le quemase el contacto humano.

Aquel día no me atreví a hacer nada más. Al menos ya había conseguido que no me rechazara al sentarme en su cama y había tenido con él un primer contacto físico.

Durante varios días seguí haciendo lo mismo. Hasta que, una tarde, después de haber pasado un día muy malo, con dolores y vómitos, estaba muy cansado y angustiado. Aquel día no rechazó mi mano al coger la suya y no dijo nada, ni opuso resistencia cuando le empecé a acariciar suavemente la otra mano que tenía libre.

De repente, sin que yo le preguntara nada sobre su actitud de rechazo habitual y el porqué del cambio de ese día, me dijo:

—Viqui, a mí nunca se me había acercado nadie para acariciarme, sino para pegarme. Y esto, desde que era bien pequeño. Por eso yo no me fiaba de nadie y no quería que nadie me tocase, pero... bueno, al mismo tiempo, me moría de ganas de que alguien lo hiciera.

Y, como si se arrepintiera de lo que había dicho, se puso de nuevo a la defensiva, diciendo que no pensara que era un marica y que me olvidara de lo que me había dicho.

Pero aquello había sido un primer paso. Poco a poco, en los días siguientes, se fue abriendo a mí, y me explicó una serie de cosas terribles de su infancia, de su adolescencia en la calle y de cómo la vida era la que le había hecho ponerse siempre a la defensiva. Por ese motivo, cuando alguien se le acercaba, pensaba que era para algo desagradable o que acabaría haciéndole daño. Se negaba a pensar que tal vez nosotros éramos diferentes.

En definitiva: no sabía lo que eran los abrazos, porque nunca los había recibido.

En ese momento sí que ya no me pude contener. Me incliné en su cama, le ayudé a incorporarse y le di un abrazo tan largo y tierno que él lo recibió con lágrimas en los ojos.

Durante los días siguientes, antes de que Dios le diese el abrazo eterno y definitivo, seguí haciendo lo mismo sin que él opusiera resistencia alguna. Es más, nada más abrir la puerta de su habitación, y a pesar de que cada vez estaba más débil, hacía un esfuerzo, se incorporaba en el lecho en espera de mi abrazo.

Pocos días después, moría en el Hospital del Mar, donde fue trasladado al final de su enfermedad. Yo sentí un gran consuelo: al menos en sus últimos días había conocido el gozo de los abrazos que la vida le había negado durante veintidós años.

Abrazos
del hijo recobrado

Desde muy pequeña siempre me ha impresionado la parábola del hijo pródigo y el padre bueno. La primera imagen que recuerdo no es la de Rembrandt —que ahora me acompaña siempre en mi habitación—, sino una de las muchas estampas que yo contemplaba de pequeña en una preciosa Biblia ilustrada que teníamos en casa. Yo me quedaba siempre con los dibujos que, en aquellos tiempos, tal vez me decían más que las palabras, a pesar de que a mí me gustaba mucho leer.

Pero fue, sobre todo, cuando, ya de mayor, leí el maravilloso análisis del cuadro de Rembrandt (*El retorno del hijo pródigo* de Henri J. M. Nouwen) y me enamoré de la figura del padre, imagen perfecta del Dios «misericordioso y benigno, lento en el castigo, rico en el amor».

He tenido la suerte de vivir y estar presente en un abrazo semejante a aquel del padre en el camino que llevaba a su hogar, al ver desde lejos el retorno de su hijo.

En mi caso, se trataba de una madre y en un callejón perdido del barrio de la Barceloneta, ahora hará más de veinticinco años.

A lo largo de todos estos años a los que me he dedicado a la que llamo *la mística de la calle*, he pasado muchas horas buscando al «hijo alejado», o la oveja perdida del Evangelio, por los callejones, playas y suburbios de Barcelona y hasta por algún *meublé* del barrio chino.

Un joven de *buena familia*, al que la droga y su adicción le habían llevado a vivir en la calle, fue uno de aquellos a los que dediqué horas de búsqueda.

Sus padres, que vivían fuera de Barcelona, me lo habían encomendado, e hice todo lo que pude por él. Se trataba de un chico encantador cuando estaba en su ser, sin los efectos de la heroína, que lo cambiaba completamente, dejando de ser el mismo y desapareciendo durante muchos días, en los que no sabía nada de su vida, ni dónde paraba.

En esos momentos estafaba a sus padres, sacando dinero del banco y malgastaba la vida como aquel hijo pródigo del Evangelio, hasta que acababa, también como él, deseando alimentarse de las sobras de otras mesas…

Hacía muchos días, incluso algunos meses que no sabía nada de su vida, hasta que una tarde me lo encontré en la calle, hecho un verdadero desastre, en una callejuela cerca de Baluard, un centro al que asistían muchos adictos a buscar jeringas nuevas para evitar el contagio del sida.

Después de pasar un rato con él, lo convencí para que llamara a sus padres, que estaban muy angustiados al no saber nada de él durante tanto tiempo.

Al principio se negó, alegando que no iban a querer recibirlo, porque debían estar hartos de él, y con razón, y que era mejor que no supieran nada de su mala vida... No le hice caso y llamé por teléfono a su madre en la primera cabina que encontré, ya que en aquel tiempo no teníamos aún móviles.

Él temía mucho el momento de encontrarse con ella después de todo lo que le había hecho sufrir, y tanto sor Genoveva como yo tuvimos que hacer muchos esfuerzos para convencerlo de que no podía huir de la reprimenda que le daría su madre y que se lo merecía por lo que había hecho sufrir tanto a ella como a su familia.

No olvidaré nunca el momento en el que se abrió la puerta de la habitación en la que estábamos y apareció su madre. Se echó a su cuello, abrazándolo y repitiendo con lágrimas en los ojos: «Hijo mío, hijo mío...».

El chico intentaba decirle alguna excusa o incluso de arrepentimiento, no lo sé, pero la madre no le dejaba. Solo le repetía aquellas palabras que, para mí, eran el signo más entrañable del perdón matero o paterno: «Hijo mío, hijo mío...».

Lo vi clarísimo: a un hijo se le perdona todo, por eso, porque es hijo. Aquella mujer, en ese momento, fue la imagen más clara de Dios Padre-Madre que nos ama y nos perdona con aquellas mismas palabras, «Hijo mío, hijo mío...», y con el abrazo de padre entrañable que siempre espera recobrarnos.

Cuando, dos o tres domingos después, se comentó en la eucaristía aquella parábola del hijo pródigo, os aseguro que tuve la impresión de haberlo vivido, yo también, directamente en la persona de una madre con el «hijo que estaba perdido y ha sido encontrado», en aquel inolvidable *abrazo materno*.

La imagen de la Biblia ilustrada de mi infancia, abrazando al hijo, la de Rembrandt con el Hijo a los pies del Padre, abrazándolo con aquellas dos manos tan significativas de padre y madre, y el de aquella mujer llorando de gozo por el regreso de su hijo, abrazada a él, se me cruzaban en un solo abrazo: el *abrazo de perdón* del Padre-Madre Dios.

Abrazos al ignorado

A mí, esto me lo enseñó sor Genoveva: el que quiera vivir el Evangelio y el seguimiento de Jesús no puede ignorar a nadie. Hay una fotografía de esta maravillosa monja de los pobres y marginados que lo dice todo. Un mendigo sentado en el suelo en una callejuela. A su lado, la monja, ya de edad avanzada, se inclina para acariciarlo y ponerle tiernamente una mano en sus hombros. Sí, es la imagen perfecta de su estilo propio.

Me traslado ahora a finales del siglo xx. Yo volvía de pasar un verano en Nicaragua, donde había sentido una llamada especial de Dios para vivir al lado de los más pobres y desfavorecidos de la sociedad. Pero, en la zona de Barcelona en donde vivía y trabajaba dando clases y dirigiendo una editorial, solo se les veía, de vez en cuando, en los semáforos, donde los coches se paraban obligatoriamente, para ofrecerse a limpiar sus cristales.

Me habían hablado de sor Genoveva, monja de la Caridad, que vivía en la Barceloneta, donde me habían dicho que atendía durante las mañanas en la calle santa Lluïsa de Marillac, perpendicular a la calle sant Carles, donde se en-

Abrazos

contraba la entrada principal de la obra social dirigida por las Hermanas Paulas.

Lo primero que encontré en aquella calle fue una fila larga de gente que no estaba acostumbrada a ver en el barrio en el que vivía. Algunos daban muestras muy claras de estar borrachos o al menos con unas copas de más. Y otros con evidencias bien claras de mostrar los efectos destructores de la heroína que en aquel momento —como ya he dicho— hacía demasiados estragos entre los jóvenes adictos a esta droga dura.

Me puse en la cola, y entré cuando me tocó el turno. Una hermana, que parecía la *guardiana* de sor Genoveva, me hizo esperar turno en una sala llena de gente a la que había visto ya fuera en la calle esperando turno, como yo. No olía a rosas, por supuesto…

En el fondo de aquella sala, un biombo separaba el resto de la sala de un pequeño *despacho* donde sor Genoveva —eso lo vi después— tenía su humilde sede y recibía a todo el que lo deseara.

Una de las cosas que más me llamó la atención, mientras esperaba mi turno, fue que, cada vez que se marchaba uno de aquellos hombres, sor Genoveva se levantaba, salía con él de su cuchitril para despedirse, y lo abrazaba.

Entonces, me di cuenta de la gran diferencia que podía haber entre la atención al público desde una ventanilla, la de tantos funcionarios, que atienden al que en aquel momento les pide ayuda o información.

Y es que, en el momento que una persona se acercaba a

sor Genoveva, dejaba de ser un desconocido, un ignorado, para ser un hermano al que podía abrazar como señal de esa actitud maternal que me hace decir siempre de ella: *sor Genoveva fue mi maestra de ternura.*

Abrazos en la cárcel

Cuando hace ya más de treinta y cinco años entraba por primera vez en la prisión de Quatre Camins que se acababa de inaugurar, recuerdo que me costaba respirar. No me pasaba la saliva por la garganta. Tenía miedo, no sabía cómo iba a poder acercarme a los presos, me parecía que todos me miraban mal.

También recuerdo lo bien que me fue la ayuda del capellán de aquel centro penitenciario. Él me fue presentando a los internos y acercándome a ellos.

Aquel temor y el no saber cómo me podía acercar a aquellos hombres que cumplían sentencia, a saber por qué, marcados por los juicios que hacemos en medio de nuestra absoluta ignorancia, o falsa información creada por la literatura o el cine, me duró bien poco. Creo que a la segunda o tercera visita, empecé a moverme con más tranquilidad, y actualmente puedo decir que es uno de mis lugares preferidos a la hora de estar al lado de los más vulnerables.

Durante más de treinta años, todos los martes, la cárcel se convertía en el lugar en donde viviría y conviviría con verdaderos amigos a los que aprendí a comprender, con los que no me costaba empatizar en el momento en el que conocía sus historias, su realidad tan alejada de la mía, pero a los que poco a poco me iba abriendo desde una perspectiva nueva para mí, pero tan humana como cualquier otra.

Tengo también aquí muchas historias fuertes de abrazos. Algunas de ellas las han ido conociendo, por ejemplo, los lectores de *Catalunya Cristiana* en donde, durante tantos años, he ido escribiendo semanalmente en la columna «Ventana a la vida». Ahora quiero recordar algunas de las que más me impresionaron.

Desde la celda de castigo

Este abrazo, ni lo di yo, ni lo vi directamente. Me lo explicó, como una experiencia inolvidable, un interno de los más difíciles que he conocido.

Se trataba de uno de esos chicos que se pasa más tiempo en las celdas de castigo que en las de los módulos comunes. Peleas con los compañeros, atentados contra la autoridad, incumplimiento de normas, etc. Por una causa o por otra, acostumbraba a pasar muchas temporadas en las celdas de aislamiento.

Un buen día, al llegar a su módulo, los compañeros me dijeron que estaba «chapado», pero con el permiso que el director me acostumbraba a dar, pude ir a verlo.

Estuvimos hablando un buen rato, me explicó por qué estaba en aislamiento y, cuando ya pensaba que me lo había dicho todo e hice gesto de levantarme y marcharme, me dijo que esperase, porque quería explicarme una cosa que no me iba a creer.

Me contó entonces cómo se había portado muy mal con un funcionario al que yo quería y valoraba mucho, porque consideraba que tenía más la función de educador que de *represor*, que es lo que en algunas ocasiones parece que sea el oficio de los funcionarios de prisión, cosa que no siempre es así. Yo he conocido a algunos verdaderamente humanos y educadores.

Pues bien, el día que lo llevaron esposado a la celda de aislamiento porque se había puesto muy violento, lo tuvieron que hacer a la fuerza y de un modo poco agradable... Tenía tanta rabia interior y exterior, que era difícil acercarse a él.

No había pasado una hora de estar en aislamiento, cuando sintió que se abría la puerta de su celda, y pensó que venían a castigarlo más por su conducta anterior. Pero, cuál sería su sorpresa cuando vio que era el funcionario en cuestión y que, acercándose hasta sentarse en su cama, lo abrazaba diciendo que si necesitaba ayuda, se lo hiciese saber...

Aquel abrazo, me dijo con lágrimas en los ojos, me ayudó más a cambiar que todos los castigos, gritos y aislamientos. Sin palabras, un simple abrazo.

Dios sí que ama

Otro interno del mismo módulo que no era agresivo, ni aparentemente difícil, estaba siempre en un rincón del patio, completamente solo, rellenando mandalas, uno detrás de otro. Los voluntarios, normalmente, le proveíamos cuando acababa un cuaderno.

Yo había intentado acercarme a él como a tantos otros, pero a menudo ni siquiera levantaba los ojos del dibujo que estaba rellenando de diversos colores.

Un funcionario me habló de su situación: no tenía a nadie en el mundo, al menos cerca y que viniera a visitarlo. Me manifestó la necesidad que tenía de un acompañamiento, a pesar de que parecía que lo rehusaba y de que se negaba a reconocer su necesidad.

Fui a hablar con la Junta de Tratamiento y con el psicólogo del centro, y me ofrecí a hacerle un acompañamiento más cercano, semana tras semana, como hacía con otros internos.

Después de algunos intentos fallidos, lo convencí de que «no le haría ningún daño» hablar de vez en cuando conmigo o, al menos, estar juntos un rato enseñándome los mandalas que había rellenado durante la semana, contándome cómo estos le habían ayudado, etc.

Necesité unos cuantos meses y, por lo tanto, muchos ratos de estar sentados uno junto al otro con pocas palabras, hasta que llegamos al momento en el que me quiso explicar su situación.

Verdaderamente, había vivido maltratos y ataques continuos durante su infancia. Después, ya adulto, se había metido en problemas de robos cuando empezó a entrar en el mundo de las drogas con todo lo que eso conlleva.

Finalmente, acabo en prisión, sin que nadie de su familia, de la que no sabía nada desde hacía mucho tiempo, fuera a verlo o se comunicase con él de algún modo. Su madre hacía años que había muerto. De su padre no sabía nada desde la adolescencia y de los hermanos aún menos.

Nunca había tenido amigos, sino *colegas* que lo dejaron abandonado cuando veían que estaban en peligro o cuando ya no podían sacar nada de él.

Esta, brevemente explicada, era su historia, la de su vida, la que le había llevado a esa postura escéptica de soledad y rencor. Era muy difícil que pudiera salir de ese círculo de aislamiento y oscuridad en el que estaba metido. Pasó más de un mes sentándonos juntos cada martes un buen rato, hasta que empezamos a hablar algo más de las cosas que habían pasado durante la semana; incluso habíamos creado ya unos lazos de amistad que no disimulaba cuando me veía llegar al patio de su módulo y se me acercaba con una sonrisa de oreja a oreja.

Siempre tenía algún mandala para regalarme, y me lo dedicaba con gusto. Yo fui llenando las paredes de mi habitación con ellos.

Fue en uno de aquellos días en los que nos encontrábamos más a gusto cuando me dijo:

—¿Sabes, Viqui? Yo siempre he estado convencido de que

a mí no me quiere nadie… y es una sensación de vacío terrible.

—Mira, cuando te venga esta angustia a la mente, piensa que Dios sí que te quiere y te querrá siempre —le dije.

—Y yo, ¿cómo lo puedo saber?

En aquel momento yo no supe qué responderle. Lo único que supe hacer fue estrecharlo con un abrazo mientras le decía:

—Mira, así.

Entonces fue él quien me sorprendió con este comentario:

—No te pienses que no lo entiendo. Ya sé que Dios no me puede abrazar directamente. Él no tiene un cuerpo para hacerlo, pero tú, sí, y te ha enviado a mí para que lo hagas.

Abrazos curando mujeres heridas

Por necesidad de dinero...

¿Qué sabía yo de sadomasoquismo?

La verdad es que nunca hubiera podido ni imaginar hasta dónde se podía llegar en los casos de *maltrato convencional* al que algunas mujeres se someten para ganar unos billetes...

El día que una de aquellas amigas mías de la calle San Ramón, que me encontraba esperando su turno para ganar el dinero para alimentar a sus hijos, me enseñó su pecho, me quedé helada. Al principio pensé que se trataba de alguna erupción, pero enseguida me di cuenta de que aquellos moratones, algunos en carne viva, eran quemaduras de cigarrillo. Se trataba de las señales que tenía en su cuerpo a causa de las barbaridades que le hacía aquel hombre al que estaba ligada de alguna manera y sin apenas capacidad para huir: heridas dolorosas y humillantes en un cuerpo entregado sin amor.

Las otras heridas, las del alma, no se veían tan fácilmente, pero se adivinaban por su manera de ser y actuar.

Curiosamente, lo descubrí, se negaba al principio a decirme por qué había hecho ese gesto y por qué se alejaba cuando quería abrazarla.

Después de un rato en silencio que a mí se me hizo eterno, mientras derramaba unas lágrimas que no podía contener, y que eran la expresión tácita de una angustia oculta, me explicó cómo padecía diariamente para conseguir algo de dinero…

Con un gran cuidado para no hacerle daño y abrazarle por el cuello durante un buen rato, cerré los ojos y permanecí abrazada a aquella mujer, meciéndola suavemente para aliviar de alguna manera el inmenso dolor que albergaba en su corazón y en su alma. Un dolor mucho más profundo que el de sus pechos heridos con las terribles quemaduras, y tan inmenso como en el de tantas y tantas mujeres que, a lo largo de los siglos, han padecido y padecen por los maltratos de la violencia de género.

Y por una cuestión de posesión más que de amor

No era cuestión de dinero. Porque en ese caso se trataba de la propia pareja.

Las angustias, los maltratos, los menosprecios y las humillaciones que aquella mujer llegaba a sufrir se pueden resumir en la frase que un día me dijo y que me dejó hecha polvo: «Viqui, si algún día oyes decir que una mujer se ha quitado la vida a ella y a sus hijos, no pienses: qué mujer más deshumanizada, sino cómo debía de sufrir».

En la obra social en la que acompañábamos a esa mujer, no paramos hasta conseguir que denunciara a su pareja. Quizá, si no lo hubiera hecho, hubiera acabado, como tantas otras víctimas, perdiendo la vida.

Cuando, muchos años después, tuve ocasión de ayudar a una de sus hijas, que había visto y padecido los problemas de su madre, viví un detalle emocionante que se convirtió en respuesta y consuelo a muchos años de distancia.

En un momento determinado, hablando conmigo de su pasado y de los recuerdos que las dos teníamos de veinte años atrás, fui testigo de uno de los abrazos más tiernos y oportunos que he visto en mi vida. A pesar de que hablábamos sin especificar claramente los hechos y, por supuesto, sin utilizar nombres propios, una de sus hijas de unos cinco o seis años se dio cuenta de que a su madre le pasaba algo y, con esa intuición que suelen tener los niños, más allá de lo que nos imaginamos los adultos, sin entender demasiado nuestra conversación, pero viendo las lágrimas que acompañaban las palabras de su madre, se acercó, le enjugó las lágrimas y, sin decir una palabra, la abrazó larga y amorosamente.

También yo, en ese momento, tuve que enjugar mis lágrimas…

Aquel *abrazo infantil*, ignorante del sufrimiento acumulado por los recuerdos de una infancia llena de gritos y violencia doméstica, compensaba en gran medida el pasado de aquella mujer.

Abrazo
de un encuentro anunciado

Hace años viví una de las aventuras más hermosas de mi vida. Una de esas que nunca se olvidan porque quedan grabadas con letras de oro en el libro de nuestra historia personal. Debido a mi obsesión por la comunicación, por dejar constancia de las realidades vividas en el papel, he escrito sobre este hecho en diferentes lugares (artículos para revistas y libros). Pero hoy vuelvo al hecho para referirme, exclusivamente, a la capacidad de cambio que un abrazo puede tener en la vida de una persona. De hecho, a menudo tiene más fuerza que algunas palabras que en ocasiones no nos dicen nada o no ayudan suficientemente. Incluso, en ocasiones pueden estropear una reconciliación o un reencuentro, con el peligro de que se vuelva a convertir en una represión. En algunos momentos oscuros de nuestras vidas, es mejor y más eficaz un abrazo silencioso y sincero. Pero no siempre...

Eso es lo que yo ignoraba aquel día oscuro y frío de invierno. Eran las ocho de la tarde y estaba en una plaza de Ciutat Vella de Barcelona, esperando encontrarme con un chico al que solamente conocía por la foto que me mandaron sus padres pidiéndome que lo encontrara.

Yo, al enterarme de uno de los lugares que frecuentaba, le había dejado allí un mensaje que él podía encontrar extraño y hasta poco convincente, por medio de un educador del comedor en donde, me enteré, iba a comer a menudo. En el recado le citaba allí, a esa hora y en esa plaza... Sí, verdaderamente, reconozco que era como buscar una aguja en un pajar, pero la fe obra milagros y yo los había percibido en este sentido en muchas ocasiones, a lo largo de mi periplo por las periferias existenciales. Realmente, el mensaje era más para huir que para responder: «Una monja que dice que conoce a tus padres te espera en la plaza del Pi a las ocho. Tiene estas características, bla, bla, bla...».

Unos minutos antes de la hora señalada, yo estaba ya en la plaza. Un grupo de jóvenes fumaban porros, dejando en el aire ese aroma típico y dulzón que caracteriza a esa hierba y que podían percibir claramente los que pasaban por la plaza o los que entraban en la iglesia del Pi, porque los fumadores estaban sentados en sus escaleras.

Me senté algo alejada de ellos para que no se me impregnara la ropa de ese olor, esperando el milagro.

Pasó un cuarto de hora, después, media hora, y el chico en cuestión no aparecía.

Entonces me acerqué a los «porreros» y, enseñándoles la foto de mi futuro amigo, les pregunté:

—¿Conocéis a este chico? ¿Sabéis si viene por aquí?

—¿Por qué lo quieres saber?

—No soy ni de la pasma ni de servicios sociales. Solo soy una... amiga de sus padres.

Por sus caras y su silencio, deduje que lo conocían, pero que no querían enredarse en el tema de su búsqueda. Y lo dejé estar.

Estaba a punto de irme, cuando por el callejón de la esquina que hacía diagonal con aquella en la que yo estaba, vi aparecer a un chico que parecía tener las características del que yo buscaba: su aspecto era el de un chico de clase media, pero con el rostro demasiado tostado por el sol de los caminos… Una mochila a su espalda y una mirada indagadora como la de quien busca a una persona, pero como con cierto temor a encontrarla.

Nos cruzamos las miradas. Unas miradas indagadoras en un primer momento y, enseguida, iluminadas por una sonrisa de complicidad.

—¿Eres Viqui?

—¿Y tú Enzo?

Sin palabras, nos acercamos mutuamente, y sin más explicaciones nos unimos en uno de los abrazos más largos que he dado en mi vida. Parecía que no pudiéramos separarnos de ese «nudo» de una incipiente y esperada amistad que cada uno de nosotros dos deseaba por distintos motivos: él, por la necesidad de huir de la espiral en la que estaba metido, y yo, por el deseo de alargarle la mano que necesitaba con urgencia para ayudarle a levantarse y empezar a vivir en libertad.

Aquel abrazo fue el comienzo de una verdadera amistad que duró hasta su muerte, una muerte en la que sentí yo misma la acción de Dios, porque me lo puso en mi camino para que le pudiera dar el último abrazo antes de recibir el definitivo de Dios en su seno eterno.

Siempre, a pesar de los años que han pasado desde aquel encuentro, del tiempo que vivimos, alternativamente, encuentros y lejanías, el nombre de Enzo estará siempre vivo en mi corazón. Siempre será *mi amigo del alma*.

Quiero recordar ahora otro *abrazo* invisible, pero maravilloso, que recibí de él años después de su muerte.

Quise celebrar mis cincuenta años de vida religiosa, mis bodas de oro «por todo lo bajo» (no me iba eso de «por todo lo alto») y en una celebración inolvidable, invité a todos los amigos que no suelen ser invitados en esos grandes eventos, junto con mis hermanas teresianas, mi familia y amigos de distintos lugares con los que había convivido. Aunque vivían fuera, vinieron también los padres de Enzo.

Cuando murió, yo le había echado en el féretro antes de que lo cerraran una rosa con una tarjeta en donde ponía: «Tu amiga del alma».

En el ofertorio de mi celebración de las bodas de oro, cuando llegó el momento de las ofrendas, se dispusieron todas aquellas que ya estaban preparadas. Pero, cuál no sería mi sorpresa cuando, al acabar, se acercaron los padres de Enzo y dijeron: «Un momento, falta otra ofrenda que viene de muy lejos, de cielo».

Y pusieron sobre el altar una rosa acompañada de una tarjeta que decía: «A mi amiga del alma».

Fue el mejor regalo de mis bodas de oro.

El abrazo de un sintecho

Durante un montón de años he tenido unos vecinos que entraron en mi vida, como lo suelen hacer todos los amigos cuyos nombres llevaré en el corazón —como decía Casaldáliga— a la hora de la muerte

Era un día de noviembre de hace unos cuantos años, hacia el atardecer, y en la plaza Sant Jaume de Barcelona, delante del ayuntamiento. Allí celebrábamos cada año un acto, que actualmente se sigue haciendo en la plaza de la Catedral, en memoria de los hermanos sintecho que habían muerto durante el año.

A mi lado, en el círculo que formábamos algunos de los sintecho y muchos voluntarios de distintas obras sociales y asociaciones, estaba un amigo mío, con el que pasaba muchas horas por aquel entonces en la Obra Social Santa Lluïsa de Marillac.

En un momento determinado, mientras un coro cantaba y uno de los que allí estábamos iba colocando una vela y una flor en cada uno de los «panteones» de cartón con los nombres y la edad del difunto, me di cuenta de que mi amigo estaba llorando.

Me acerqué más a él para que sintiera mi cercanía y mi consuelo implícito. Entonces me dijo unas palabras que nunca he olvidado:

—Viqui, tal vez un día yo estaré en una de estas cartulinas con mi nombre…

Aún no sé exactamente por qué le dije aquello que resultó ser una profecía, sin imaginarlo en aquel momento:

—Mi querido *Canijo*. —Que así lo llamábamos todos por iniciativa suya—. Yo te aseguro que no me moriré sin haberte buscado antes una vivienda digna.

El fuerte abrazo que nos mantuvo unidos un minuto largo, a la vista de todos, pareció sellar un compromiso que yo no tenía ni idea de cómo iba a poder llevar a término.

Pero las cosas vinieron rodadas. El piso contiguo a aquel en el que vivíamos algunas personas de mi comunidad, en una calle del Raval de Barcelona, y en el mismo rellano, pared con pared, acababa de quedar vacío por la muerte de la señora que lo había habitado durante muchos años. De momento, sus hijas no lo habían alquilado ni parecía que quisieran hacerlo. El peligro muy real de esos pisos era que lo ocupasen al verlo deshabitado.

Hablamos con sus hijas y les advertimos de ese peligro. Luego tratamos también de convencerlas de que se lo alquilaran a esos chicos, diciéndoles que nosotras responderíamos del alquiler que ellos nos darían cada mes al cobrar sus pagas de invalidez. Eran pagas pequeñas, pero entre los dos podían llegar a un alquiler decente. Nosotras nos hacíamos responsables del cumplimiento de los pagos mensuales que nos entregarían ellos en cuanto cobrasen.

Y así se cumplió felizmente durante un puñado de años hasta que conseguimos otras oportunidades que ayudaron a cumplir, desde entonces, aquella atrevida promesa acompañada de un sincero abrazo en la plaza del Ayuntamiento. Y la verdad es que nunca nos defraudaron. El mismo día en el que cobraban sus pequeñas pagas, venían los dos a nuestra puerta para pagar el alquiler. Los pobres temían que si tardaban una hora más se lo pudiesen gastar en otras necesidades.

Fueron siempre, los años que duró su estancia allí, unos vecinos entrañables con los que compartíamos no solo amistad, sino todo lo que necesitaban, mientras ellos se empeñaban en compartir también con nosotras lo que les daban en Cáritas. En muchas ocasiones nos ayudaban en algunos arreglos a los que no llegábamos por nuestra edad, porque superaban a nuestras débiles fuerzas de mujer o... por ejemplo, a la hora de capturar un ratón, acudíamos a ellos porque nosotras nos sentíamos incapaces. Aquel abrazo en la plaza del Ayuntamiento fue el principio de una de las cosas más preciadas y deseadas por nuestros amigos: un techo donde vivir y convivir, después de años de pasar frío y calor, juntamente con peligros de todo tipo por las calles de Barcelona o en naves abandonadas de las que siempre eran expulsados.

Unos días después de aquel largo y entrañable abrazo, me escribía este poema:

Seguiré vivo

¡Qué bueno!
Vida dura, de trabajos, de fatigas,
de insuficiencia, de malos tratos…
¡Qué bueno!
Sentirse solo, criticado, desahuciado, ser el último.
¡Qué bueno!
Que te toque perder siempre, ser el último.
Repito, ¡qué bueno ser una lacra en la sociedad…!

Pensaréis que estoy de atar:
«Si no tiene dónde caerse muerto,
Por no tener, ni casa tiene».
¿Tonto, loco?

. . .

Porque en mis penas y desdichas
me llegó la auténtica riqueza,
la que no se hereda
ni se gana en la lotería:
sentir en el corazón
que estás en el corazón de alguien
y que, ese sentir hace que los números rojos
no sean de envidia y de rabia…
pues, cuando no tienes nada
y quien está a tu lado te da *un abrazo grande y fuerte*,

El abrazo de un sintecho

sí, tan fuerte que te hace sentir algo tremendo,
que el mundo vibra a tu alrededor,
que todo se calma y tienes paz,
que te dura dentro y no quieres perderlo,
ese es tu tesoro.
Pues no existe mayor tesoro que EL AMOR.
Ya quisiera el rico disfrutar de un amor así,
pero no lo tiene.
Ya quisiera el poderoso, un *abrazo de corazón*,
pero nadie se lo da,
porque no siente los besos y caricias de los ángeles.

¡Por eso doy gracias por mi vida mala y dura,
pues, en realidad, me hizo rico,
al tener el privilegio de sentirme querido,
de sentirme *abrazado*,
de sentirme contado!
Y, bueno, si esto es lo que toca, solo diré:
Aunque no tenga dónde caerme muerto,
¡seguiré vivo!

Abrazos eufóricos

Año 2019. Estábamos viviendo una experiencia que jamás habíamos vivido. Empezó en China, se extendió por el mundo y ahora tenía el carácter de pandemia. Los mayores recordábamos la gripe de los años sesenta, pero no una pandemia universal que había convertido al planeta en una unidad sanitaria condenada al aislamiento para que no llegara a extenderse más aún.

Las ocho de la tarde de cada día era la hora esperada con ilusión, porque salíamos a las ventanas y balcones y, cada uno en su casa, nos encontrábamos hermanados con los vecinos como fuerte abrazo colectivo en nuestra angustiosa soledad y aislamiento.

Aquella canción de fraternidad y de un pueblo unido que hacía tiempo que no se oía, al menos en la mayoría de los barrios, nos alegraba las jornadas tan insípidas y largas, sin poder salir a la calle: «Resistiré, erguido frente a todo / Me volveré de hierro para endurecer la piel / Y aunque los vientos de la vida soplen fuerte / soy como el junco que se dobla, pero siempre sigue en pie / Resistiré para seguir viviendo...».

Y así, un día tras otro, durante un tiempo que se hacía

muy largo y pesado. Los móviles tenían más trabajo que nunca, captando escenas familiares para compartirlas con los seres queridos separados por la dichosa pandemia de los demás miembros de las familias que el peligro de contagio obligaba a separar. No podíamos vernos más que en la pequeña pantalla y nos escuchábamos gracias a la técnica moderna de las videoconferencias. Las reuniones por Zoom se multiplicaban y, gracias a estos avances técnicos, nos veíamos y podíamos continuar trabajando en algunos negocios, en las asociaciones y en las obras sociales.

Yo echaba en falta de tal manera a mis amigos del Hospital de Campanya de Santa Anna que diariamente me ponía en contacto con aquel grupito de acogidos que, de la noche a la mañana, se habían convertido en acogedores. Como no tenían casa donde cumplir la obligación de no salir, el párroco buscó unos cuantos rincones diseminados por la parroquia para aquella docena de acogidos que nos habían estado ayudando cada día en la tarea que habíamos empezado todos juntos. Y fueron ellos, precisamente, los que más ayudaron durante la pandemia en los momentos más duros del aislamiento.

Propusieron preparar por las tardes unas bolsas con comida para la gente de la calle, que podrían repartir, sin peligro de contagio, desde las rejas de la entrada a la parroquia, por la calle de Santa Anna.

Fue así como se hicieron famosas aquellas filas larguísimas de gente esperando con sus máscaras protectoras, desde el Portal del Ángel hasta la calle de Santa Anna, llenando la calle que hasta ese momento solo transitaban turistas y compradores. De repente, aquellos que hasta ese momento eran «invisibles» para los transeúntes, empezaron a llenar la calle y hacerse visibles, desde su impotencia, en los medios de comunicación.

Poco a poco, las normas sanitarias dejaron de ser tan rígidas, y las familias y los amigos empezaron a poder verse con las precauciones exigidas por la prudencia y las normas sanitarias. Recuerdo que los primeros contactos debían ser sin abrazos. Los abuelos saludaban a los nietos desde los balcones al principio, y luego, cuando ya podían verse directamente, había que vigilar los contactos y sustituir los abrazos por unos golpecitos en el codo que a muchos nos resultaban bastante ridículos.

Unos días que no olvidaré fueron los que tuve que pasar en un hospital —no por el covid, sino por un problema de corazón—, cuando se mantenía aún la prohibición de ser acompañados por familiares o amigos, y la única manera de comunicarse era mediante videoconferencia o con los móviles. Los abrazos que son tan reconfortantes en la soledad de un centro de salud eran tan añorados como las visitas prohibidas.

Paulatinamente, las restricciones por temor al contagio fueron disminuyendo. Algunas de las normas impuestas nos hacían caer en la cuenta de la necesidad que tenemos los humanos de ese contacto físico que suponen los abrazos y que, cuando los teníamos, no los valorábamos como en el momento en el que nos eran prohibidos.

Uno de los lugares en el que algunos echábamos de menos los abrazos era el de aquellas eucaristías vividas en comunidad parroquial, en las que todos nos conocemos, nos queremos y participamos del pan y la Palabra desde la amistad y el amor fraterno. Acostumbrados a darnos un fuerte abrazo a la hora de desearnos la paz, no podíamos ni darnos un apretón de manos. El sacerdote invitaba a hacer un gesto desde lejos o a los que teníamos cerca, pero que en realidad no nos decía demasiado.

Pasaron los meses y, un buen día, sin que nadie hubiera levantado la *veda*, empezamos a abrazarnos. Creo que fue entonces cuando nos dimos cuenta, de una manera nueva, de la fuerza que en el convivir diario tienen los abrazos. Sí, ese gesto, a menudo cotidiano y sin demasiado sentido, empezaba a cobrar una importancia que se había multiplicado, solamente por el hecho de haber estado deseándolo durante tanto tiempo.

El abrazo de la hija a la madre que estaba en la residencia, el del abuelo o la abuela con los nietos, el de los amigos, los niños, los alejados…

Yo confieso que, el primer día que volví a poder dar abrazos a mis amigos del Hospital de Campanya de Santa Anna, me sentí la mujer más feliz del mundo.

A veces es bueno perder algunas cosas cotidianas —y por eso convertidas en costumbre— para poder recobrarlas después con todo su valor.

Por eso los *abrazos poscovid* se han convertido en unos abrazos nuevos y deseados como hacía tiempo que no lo eran…

Abrazos ofrecidos
en la vejez

Durante muchos años, cuando aún no había llegado a esta edad que empieza por ocho, he estado yendo un día por semana, y en el verano durante un mes, a una comunidad de enfermería de mi congregación. Algunas hermanas que residían en ella habían perdido la memoria, otras el habla o el caminar y había que trasladarlas en sillas de ruedas. Pero todas gozaban mucho en aquellas veladas que les organizábamos: para ellas hacíamos teatro, zarzuela, payasos o concursos adaptados a su edad y sus posibilidades. Recuerdo aquellas vacaciones en un pueblo cerca de Sabadell como una de las experiencias más agradables, tanto para ellas como para quienes las organizábamos con mucha ilusión.

Después, también durante años y ya en Barcelona, continuábamos nuestra tarea de «animadoras», yendo a visitarlas un día a la semana a la enfermería y organizando actividades lúdicas que les gustaran. Hasta llegamos a formar con ellas una *coral* adaptada a sus edades y a sus voces, y, sobre todo, a su memoria selectiva, propia de la vejez. Aquellos cantos que habían cantado u oído en su juventud eran los que más les gustaban. Después, aprovechando alguna fiesta o celebración, exhibían sus habilidades corales cantando para un público «escogido».

Algunas de nuestras hermanas mayores, poco a poco, se iban haciendo más propensas al aislamiento o al rechazo de unas actividades que anteriormente les habían gustado mucho, pero para las cuales ya no tenían capacidad ni el conocimiento necesario. Con ellas hacíamos lo que podíamos. De año en año, notábamos el deterioro...

Nunca se me olvidará el gesto de una hermana que aparentemente era una de las más esquivas y nada pródiga en muestras de cariño, a la que costaba acercarse porque podía rechazar cualquier manifestación afectiva. Era una cuestión de temperamento que procurábamos respetar.

Un día, sentadas alrededor de una mesa, en donde intentábamos organizar un juego colectivo, una de las hermanas, que, aparentemente, se había convertido en una niña por sus reacciones, estaba llorando mientras llamaba a voz en grito a su «mamá», cosa que desde hacía un tiempo acostumbraba a hacer.

Habíamos intentado diferentes formas de consolarla, pero no habían surtido demasiado efecto. De repente, aquella hermana tan esquiva y a la que no le gustaban los mimos, le cogió a otra una mano y, pasándole el brazo por el cuello con un fuerte *abrazo*, le dijo: «No llores, que somos compañeras...».

Como si aquel abrazo y aquellas palabras le hubiesen curado de golpe, la miró, le sonrió, la abrazó con más fuerza y dejó de llorar. Durante un rato permanecieron así, *abrazadas...*

Y yo, una vez más, pensé en el poder que este gesto tan humano tiene para curar las heridas, hasta cuando falla el entendimiento.

Abrazos contrapuestos al maltrato

Me llamaba mucho la atención que, a su edad —aquel niño no tendría más de ocho años— llevase siempre colgada del cuello la llave de su casa.

El día que le pregunté por qué la llevaba, me dijo que, cuando llegaba a casa, casi nunca había nadie. Su madre estaba siempre fuera en el trabajo, me dijo, sin saber, o sabiéndolo demasiado, pero disimulándolo, que su trabajo tenía tan mala fama como la de su padre, que hacía años estaba en prisión, cumpliendo condena. Los hermanos de la madre, que vivían con ella, no se sabía nunca si iban a venir, ni dónde paraban. De modo que aquel piso del Raval, en donde vivían hacía años, a menudo estaba tan solo y abandonado como el mismo chiquillo que no conocía más que abandono o malos tratos, cuando menos lo esperaba. Todo dependía no de su conducta, a menudo propia de su edad, sino del humor con el que llegaba su madre al volver de su *trabajo*.

Lejos de mí juzgar a esa mujer por su conducta, la cual, en sí misma, no solo era reprobable, sino injusta para un niño de esa edad, tan necesitado del cariño materno y de muestras de amor. Sabía que ella tampoco había estado atendida en su infancia como hubiera necesitado, hasta el punto de que su madre, antes de llegar a la mayoría de edad, le dijo que ya era hora de que se ganase la vida como lo hacía ella, le falsificó el carnet de identidad y la metió en su *oficio* para que lo aprendiese. Aquel niño que ahora recibía malos tratos era el fruto de un *descuido*.

Recuerdo con toda clase de detalles, porque se me quedó grabado como una pesadilla, aquella tarde, ya más cercana al anochecer, en que la madre estaba muy enfadada porque el niño no había llegado aún a casa. Yo trataba de calmarla y, sin cargarle demasiado de culpabilidad por su conducta hacia él, le decía que comprendiese que aún era muy pequeño para pasar tantas horas solo y ser responsable de un horario. Ella, por su parte, trataba de convencerme de que si no trabajaba, no podía darle de comer, y esgrimía todos los argumentos necesarios para excusar su conducta.

Fue en uno de esos momentos de nuestra conversación, cuando apareció por la esquina del callejón en donde estábamos hablando. Venía con otro compañero que desapareció al ver el panorama y lo que se le venía encima a su amigo.

En efecto, la madre le cogió del brazo bruscamente, retorciéndoselo, mientras lo golpeaba de tal manera que parecía que iba a destrozarlo, tan enfadada estaba. Pero el niño, acostumbrado a los malos tratos se escabullía con una gran habilidad, largamente ensayada durante los pocos años que tenía.

En un momento de aquella pelea materno-filial, el chiquillo pudo escabullirse de las manos que lo agarraban, y salir corriendo hacia la calle Hospital donde desembocaba el callejón. Esa es una de las vías del Raval más transitada, sobre todo a aquella hora. El niño corría tan despavorido que no vio la furgoneta que avanzaba hacia él en aquel momento. Un hábil e increíble frenazo y la caída a tiempo del niño hicieron el milagro. El vehículo solamente le rozó una pierna y sin graves consecuencias.

Yo me acerqué corriendo y con gran temor al lugar del accidente, mientras la madre gritaba con una angustia multiplicada por el sentimiento de culpa o de rabia... No se sabía cómo podía reaccionar ante la tragedia que podía haber sucedido.

Gracias a Dios, el niño, como si no hubiera pasado nada, se levantó y vino corriendo a nuestro encuentro, se me abrazó con una fuerza que yo no sabía de dónde sacaba, y permaneció así mientras el conductor maldecía al niño por el susto que le había hecho pasar.

Yo no podía separar al niño de mis brazos y sentía los latidos acelerados de su corazón, cuando, de repente, veo acercarse tímidamente a la madre y aferrarse a nosotros con un doble y sentido *abrazo* que refugiaba al niño entre las dos, la madre y yo.

Aquel triple abrazo no sé si fue el comienzo de una actitud nueva con su hijo, pero, al menos, puso de manifiesto un corazón maternal que no había tenido ocasión de manifestarse hasta ese momento.

Abrazos a contracorriente

Era un día de aquellos años oscuros a los que ya he hecho referencia, por la década de los noventa del siglo pasado. Cuando la droga dura, en especial la heroína, se inyectaba incluso por la calle, en algunos barrios de Barcelona; presentando, en ocasiones, espectáculos verdaderamente desagradables y fuertes para los ciudadanos. Eran cada día más las víctimas de esa enfermedad que llegó a convertirse en pandemia en las grandes ciudades: el sida.

No hacía mucho tiempo que yo había empezado a dedicarme a las víctimas de aquel submundo del que siempre, hasta ese momento, había vivido alejada, e incluso al margen, y que por tanto aún desconocía.

Una tarde, caminando por una callejuela de Ciutat Vella, me encontré con un chico que había conocido pocos días antes y de cuya historia me había enterado; historia semejante a la de tantos marginados, que aparentemente se han buscado ellos mismos. Y digo «aparentemente» porque eso parece si no se profundiza en las causas más lejanas que lo habían arrastrado hasta aquella situación. Estaba muy angustiado por una serie de circunstancias que le habían dejado en la calle; en plena explicación, y cuando la angustia había llegado al límite, se puso a llorar y yo, espontáneamente, lo abracé, pensando que en aquel momento aquel gesto valía más que mis palabras.

Curiosamente, una pareja de la policía que había visto la escena en el último momento y desde lejos, vinieron corriendo hacia nosotros, dispuestos a intervenir para «librarme» de aquel chico que pensaban que me atacaba. El joven, acostumbrado a huir de lo que él llamaba, como sus colegas, la pasma, se separó de mí y levantó las manos diciendo muy asustado que no había hecho nada, cosa que yo confirmé. Entonces uno de los policías le pidió la documentación y yo hice el gesto de buscar también la mía. El policía se adelantó a decirme que no era necesario, que a mí no me la pedían, solo a él. Yo me preguntaba qué diferencia había…

Me costó mucho convencer a la «autoridad», en primer lugar, de que el chico no estaba haciendo nada malo, que era yo la que lo había abrazado a él sin que me pidiera nada. Y, en segundo lugar, que no tenían que tener un trato diferente entre los dos en cuanto a pedir la documentación. Mi *inocencia* les asombró y me advirtieron de que no me fiase de él porque seguro que tendría alguna intención oculta, etc.

Aquella noche —aún sin la experiencia que me ha dado el convivir muchos años con estas realidades—, sentí una pena grande al irme a la cama recordando el incidente de la calle en Ciutat Vella. ¿Por qué son tratadas de manera tan diferente unas personas y otras?, me preguntaba

Abrazos a contracorriente

Aquel abrazo, tan espontáneo y sencillo como mi manera de mirar a esos chicos, aparentemente perdidos, me enseñó mucho y reforzó aún más mi deseo de dedicarme a aquellas personas que son rechazadas y que hacen sospechar a la policía de un simple y sencillo abrazo. Sí, algo que era contracorriente.

Abrazos como un remedio

Estaba a punto de entrar en el portal de nuestra casa, en la calle de la Cera, cuando oí los gritos y reniegos de un anciano que iba muy bebido y chocaba con todos los que encontraba en su camino. La gente o se enfadaba o trataba de calmarlo, sin éxito, porque él respondía con más rabia y gritos, y hasta intentaba golpear con su bastón al que se metiera con él; bastón que llevaba en su mano para reforzar sus piernas bastante necesitadas de ayuda, más por la bebida que por la vejez.

Algunos pasajeros se escabullían de él por miedo a sus gritos y reniegos. Otros querían reducirlo para que no les hiciera daño con su bastón esgrimido como arma defensora.

Yo, que estaba a punto de entrar en mi portal, no sé bien por qué, me sentí llamada interiormente a intervenir no para defenderlo, porque él ya lo estaba haciendo, sino para intentar aplacar aquella rabia, fruto, tal vez, de una vida triste y solitaria, incentivada por la cantidad de alcohol en sus venas, que le llevaba a esos gritos y a ese espectáculo vergonzoso. Me dio por imaginar —me pasaba muchas veces— qué haría si ese pobre viejo fuera mi padre.

Entonces, sin pensarlo demasiado —porque si no, tal vez, no lo hubiera hecho—, me acerqué y le pasé tímidamente mi brazo por sus hombros en un intento de abrazarlo. De repente, se volvió hacia mí, me miró a la cara, me sonrió y fue él quien me abrazó, diciéndome cosas agradables y hasta impropias para mi edad, pero que tuvieron el poder de aplacarlo. Eso era lo que importaba en ese momento.

Una vez más, pude constatar la fuerza increíble que tiene un pobre abrazo en los momentos más necesitados para convencer sin palabras…

Abrazos que reconfortan

Estoy llegando al final de estas historias vividas en torno al gesto de abrazar, que valoro tanto después de experimentar, durante mi larga vida, la capacidad que tienen de curar, de compensar dolores y angustias, y la fuerza que yo he experimentado en dar y recibir este gesto sencillo y necesario para nuestro crecimiento afectivo y humano.

Y quiero dedicar este capítulo a expresar —con inmenso agradecimiento a Dios— la felicidad que estoy viviendo en esta última o penúltima etapa de mi vida, experimentando la fuerza de los abrazos en carne propia, y el sentido profundo de los que, casi cada mañana, recibo en ese lugar privilegiado que Dios me ha regalado hace unos años: el Hospital de Campanya de Santa Anna, que nació hace siete años, respondiendo a una llamada del papa Francisco a hacer de la Iglesia un Hospital de Campaña para todo el que lo necesite.

Aunque tengo llave y me queda más cerca la puerta de Rivadeneyra, me gusta mucho más entrar por la calle de Santa Anna, porque allá están siempre, y siempre listos, algunos de mis *nietos*.

Tal vez os preguntaréis de qué nietos estoy hablando yo,

que por ser monja no he tenido hijos. Pues bien, podría responderos con las palabras de aquel chaval de doce años que, después de una charla en la clase de sexto y en un colegio de jesuitas, me dijo algo que me impresionó y que reforzaba de un modo increíble el sentido de mi consagración a Dios en el celibato: «Ah, ya lo entiendo. Tú no has tenido hijos en el vientre, pero los has tenido en el corazón».

Pues bien, si he tenido hijos en el corazón, también puedo tener nietos. Y a mi edad, ellos, los chicos de los *pisos de oportunidades* que viven, se forman y trabajan con nosotros en el Hospital de Campanya, se han constituido ellos mismos en mis queridísimos nietos, adoptándome como abuela.

No podéis imaginar el gozo que siento, en mi vejez, cuando, al llegar a Santa Anna y atravesar la reja de entrada, siempre me esperan dos o tres abrazos fuertes y entrañables de mis *nietos*. Algunos lo hacen con tal fuerza juvenil que casi me chafan…, pero me reconforta de tal manera su cariño, su bondad y amistad, que me siento feliz con este parentesco tan válido y entrañable como el de la carne, o tal vez más, porque nace y crece en humanismo desde diferentes vertientes, diferentes credos religiosos o historias personales tan alejadas como diversas.

Sus penas, sus angustias, sus esperas interminables para conseguir la documentación, tan necesaria para vivir y trabajar aquí, las comparto como haría cualquier abuela con sus nietos. Y, como abuela, con una edad en la que me están vedados algunos trabajos, ellos saben muy bien que ya no puedo hacer todo lo que quisiera, pero que no les faltará mi amor entrañable, mi comprensión ante sus debilidades y el apoyo necesario en las acciones educativas de sus *acompañantes* cuando ven que es para su bien. Y, sobre todo, saben que no les faltará una respuesta sincera y maternal —las abuelas son dos veces madres— a sus maravillosos abrazos, los que recibo cada día. ¡Gracias!

El abrazo más deseado y desconocido: el de después de la muerte, con Jesús

Siempre que, de alguna manera, quiero imaginar mi encuentro con Jesús, solo sé hacer referencia al Jesús histórico, como me lo he imaginado muchas veces, según la recomendación ignaciana de los ejercicios espirituales: «como si presente me hallara».

Y mi escena preferida para ese encuentro es la de Jesús con María Magdalena, que imagino llena de ternura y amor. Es verdad que era ya el Resucitado y que no quiso que lo tocara porque debía irse con el Padre y ella había de marchar a la Galilea de los gentiles, donde le dijo que lo encontraría. Pero lo he meditado y contemplado tantas veces que me imagino aquella voz: «¡María!», y la respuesta: «¡Maestro!», siempre que pienso cómo será mi encuentro con Jesús al llegar al cielo.

Ya sé que no tengo capacidad para pensar fuera de las coordenadas de espacio y tiempo, ya sé que cualquier cosa que imagine no es la realidad que viviré, pero no tengo otro remedio que pensar dentro de esas coordenadas de las que dispongo, según Kant. Y con estas es con las que imagino el encuentro con Jesús, al que he vivido unida, aunque imperfectamente, desde que me consagré a Él en mi juventud, considerándolo siempre el amor de mi vida. Por eso, yo no me puedo imaginar mi encuentro con Jesús, cara a cara, si no es imaginando una escena semejante a la de María con el Resucitado:

—¡Viqui!

—¡Jesús!

Este «cara a cara» del que nos habla la Palabra de Dios, ¿qué significa para mí?

Pues yo no me lo puedo imaginar sin este gesto tan importante que es el de un abrazo. Por eso, cuando pienso en ese momento que vendrá, después de una enfermedad, o de la manera que sea, en el que dejaré este mundo tan bonito para mí en muchas ocasiones y tan terrible en otras, no tengo más remedio que imaginarme a mi manera este encuentro, y es la única manera que tengo para expresar mi gozo: con un *abrazo*.

Muchas veces me han conmovido las palabras del poeta Maragall:

Si el mundo es tan hermoso, Señor, si se mira
con vuestra paz dentro de nuestra mirada;
¿qué más nos puedes dar en la otra vida?

Por eso estoy tan celoso de los ojos y el rostro
y el cuerpo que me has dado, Señor,
y este corazón que se mueve siempre…
¡Y temo tanto la muerte!

Y entonces es cuando pienso en el abrazo que cambiará mi percepción de la belleza de este mundo —que me hace temer lo desconocido—, por la infinita belleza del amor, de Jesús, por el que siempre he intentado vivir.

El no saber y el no poder hacerlo, me hacen imaginar, con mi capacidad humana y terrenal, lo que ha sido siempre tan importante para mí: EL ETERNO ABRAZO CON JESÚS.

Su opinión es importante.
En futuras ediciones estaremos encantados
de recoger sus comentarios sobre este libro.

Por favor, háganoslos llegar a través de nuestra web:

www.plataformaeditorial.com

Para adquirir nuestros títulos,
consulte con su librero habitual.

«*I cannot live without books*».
«No puedo vivir sin libros».
THOMAS JEFFERSON

Desde 2013, Plataforma Editorial planta un árbol
por cada título publicado.